Avoir un enfant après 35 ans

De la conception à la naissance

Avoir un enfant après 35 ans

De la conception à la naissance

Dr Laura Goetzl
et Regine Harford

Avoir un enfant après 35 ans

Copyright © 2006, Hurtubise HMH ltée
pour l'édition en langue française au Canada

Direction éditoriale : Janet Mohun, Emma Forge
Direction artistique : Sara Kimmins, Carole Ask
Maquette : Alison Tumer
Mise en page : Julian Dams
Recherche photographique : Samantha Nunn
Illustrations : Debbie Maizels
Production : Luca Frassinetti
Gestion de projet : Anne Davidson
Édition : Corinne Roberts

Titre original de cet ouvrage :
Conception and Pregnancy over 35

Édition originale publiée en Grande-Bretagne en 2005
par Dorling Kindersley Limited, 80 Strand, Londres, WC2R 0RL

Copyright © 2005, Dorling Kindersley Limited, Londres
Copyright © 2005, Dr Laura Goetzl et Regine Harford pour le texte
Copyright © 2005, Pearson Education France pour la traduction

Photographie de la couverture : Robert Harding
Photographies du dos (de gauche à droite) : Alamy Images (David Young-Wolff),
Corbis, Science Photo Library (Christian Darkin) et Robert Harding

ISBN : 2-89428-846-8

Dépôt légal : 1er trimestre 2006
Bibliothèque nationale du Québec
Bibliothèque nationale du Canada

Éditions Hurtubise HMH ltée
1815, avenue De Lorimier
Montréal (Québec) H2K 3W6

Imprimé à Singapour

www.hurtubisehmh.com

Sommaire

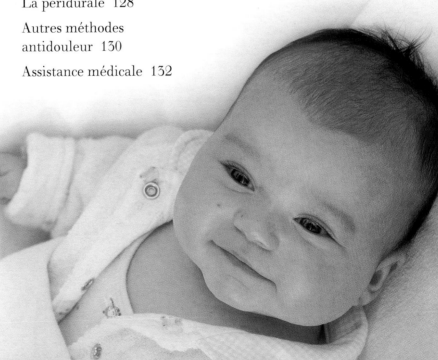

Préface

C'est un plaisir de lire un nouvel ouvrage sur la grossesse qui apporte quelque chose de différent et répond aux attentes de nombreuses femmes. Le docteur Goetzl a écrit un livre qui répond aux interrogations et aux besoins des femmes de plus de 35 ans souhaitant être enceintes et avoir un bébé en bonne santé. Cet ouvrage arrive au moment opportun, car le nombre de femmes de plus de 35 ans qui accouchent ne cesse d'augmenter, en Europe comme aux États-Unis. Au Québec, selon les statistiques, plus de 17 % des bébés nés en 2004 ont été portés par des femmes de cette tranche d'âge.

En tant que spécialiste de la stérilité, je suis impressionnée par la qualité des conseils prodigués dans la première partie du livre. La planification de la conception, les problèmes de stérilité, l'assistance médicale à la procréation et les fausses couches y sont très clairement expliqués. Fait important que ce livre nous rappelle : la conception peut prendre plus de temps à la fin de la trentaine, mais ce n'est pas toujours le cas, et la plupart des couples finissent par donner naissance à l'enfant désiré. Cette approche optimiste tranche par rapport à la tendance des spécialistes à se focaliser sur les obstacles rencontrés.

En tant qu'obstétricienne, je m'occupe de femmes, souvent plus âgées, qui ont eu des problèmes lors de grossesses passées. Je suis heureuse de trouver des informations complètes sur les examens et dépistages prénatals. Les explications sur le monitoring cardiaque fœtal et les détails pratiques sur la phase de travail et sur l'accouchement sont tout aussi précieux. Enfin, en tant que mère « âgée », c'est agréable de voir que les questions liées à l'accroissement de la fatigue durant la grossesse et au délai supplémentaire de récupération postnatal en raison de l'âge ne sont pas éludées. Ce livre est opportun et utile pour les femmes de 35 ans. Elles y trouveront ce qu'il faut pour les rassurer et vivre pleinement leur grossesse.

Professeur Lesley Regan,
Chef du service obstétrique et gynécologique
de l'hôpital St Mary, Imperial College, Londres

Introduction

Quand j'ai songé à écrire ce livre, j'ai vite compris qu'il existait un réel besoin d'information chez les femmes envisageant une grossesse tardive, notamment pour un premier enfant. Malgré la pression sociale qu'elles subissent pour avoir des enfants précocement, de plus en plus de femmes attendent d'asseoir leur carrière, de trouver le compagnon idéal ou de fonder un second foyer avant d'avoir un enfant.

Quand les femmes sont plus mûres, leur situation change, ainsi que leur approche de la maternité. Elles ont généralement un meilleur niveau d'études, vivent une relation stable, et sont plus enclines à rechercher des informations sur la grossesse. En même temps, souvent de manière arbitraire, elles sont classées dans la catégorie à haut risque par les professionnels de la santé, voire par leurs amis et leur famille. Médicalement parlant, ce statut implique que l'on vous propose plus d'examens et d'informations à déchiffrer qu'aux femmes plus jeunes. Sur le plan affectif, vous devrez sans doute prendre davantage de décisions et faire le tri entre tous les conseils dont on vous abreuve.

En gardant toujours cette réalité à l'esprit, Regine Harford et moi-même avons voulu écrire un livre qui réponde à vos inquiétudes et vous rassure. Notre objectif est de vous apporter les informations qui vous aideront à endosser avec assurance l'un des rôles les plus importants de votre vie. Je souhaite que ce livre vous donne toute la confiance nécessaire pour affronter sereinement les difficultés courantes de la grossesse et de la maternité, en sachant ce qui est le mieux pour vous et pour votre bébé. J'espère que votre lecture vous sera utile et qu'elle vous apportera le soutien dont vous avez besoin.

Dr Laura Goetzl

PLANIFIER LA CONCEPTION

BIEN DES FEMMES S'APERÇOIVENT QUE **CONCEVOIR** APRÈS 35 ANS N'EST PAS AUSSI SIMPLE QU'ELLES LE PENSAIENT. PRENDRE SOIN DE VOUS, EN **MANGEANT SAINEMENT** ET EN VOUS MAINTENANT EN FORME, PEUT **STIMULER VOTRE FÉCONDITÉ**. UNE PARTIE DES DIFFICULTÉS À CONCEVOIR UN ENFANT EST DIRECTE-MENT LIÉE À DES **PROBLÈMES MÉDICAUX** QUI ONT PLUS DE RISQUES D'APPARAÎTRE AVEC L'ÂGE. PRENDRE LE TEMPS DE **VOUS INFORMER** AVANT DE FAIRE UN ENFANT EST TRÈS UTILE. SI VOUS NE PARVENEZ PAS À **ÊTRE ENCEINTE**, IL Y A BEAUCOUP DE CHOSES QUE **VOUS POUVEZ FAIRE** POUR Y ARRIVER. SI RIEN NE MARCHE, L'**ASSISTANCE MÉDICALE À LA PROCRÉATION** PEUT ÊTRE LA SOLUTION.

Prendre la décision

La grossesse est la première étape d'une relation durable avec votre enfant qui bouleversera votre vie. Devenir parent est l'un des aspects les plus gratifiants et les plus heureux de la vie, mais vous devrez y investir beaucoup de temps, d'argent et de ressources affectives. La décision d'avoir un enfant doit donc être longuement mûrie.

QUEL EST LE MEILLEUR MOMENT?

Beaucoup de couples veulent attendre le moment idéal pour avoir un enfant, quand de bonnes conditions matérielles, professionnelles et relationnelles sont réunies. Mais des problèmes professionnels, financiers et médicaux peuvent survenir à tout moment. Heureusement, les bébés grandissent dans toutes les situations; rien – ni vous-même, ni les circonstances – n'a donc besoin d'être parfait.

Certaines femmes ont toujours voulu être mères; d'autres ont bien des doutes concernant la maternité. Si votre envie d'enfant est récente, vous pouvez vous demander si la vie de mère vous convient. Cette question se pose pour beaucoup de femmes qui sont dans la trentaine ou dans la quarantaine, et mènent une vie riche et épanouissante. Vous pouvez avoir beaucoup investi dans votre carrière, dans votre couple et dans vos relations amicales, et avoir des loisirs qui vous tiennent à cœur. La grossesse et la maternité vont profondément modifier votre mode de vie. Vous devrez vous occuper de votre enfant à tout moment. Cette perte significative de liberté et de spontanéité peut

Passer du temps avec des amis qui ont des enfants est une bonne préparation à la maternité : vous avez un aperçu réaliste de ce que cela implique.

être très difficile à accepter, surtout si vous avez toujours été très indépendante.

SOYEZ OBJECTIVE

Les publicités ciblant les futurs parents montrent des mamans souriantes s'occupant de leur bébé avec assurance; elles montrent rarement la réalité : nuits

ÊTES-VOUS PRÊTE À ÊTRE MAMAN ?

■ **Êtes-vous en bonne santé physique et affective ?**

Les soins portés à un enfant grincheux ou malade, avec les nuits blanches que cela implique, peuvent vous vider de votre énergie, surtout si vous avez des problèmes de santé. Préservez vos forces en veillant à vous reposer et à passer des moments sans votre bébé.

■ **Avez-vous de l'expérience avec les enfants ?**

Les bébés peuvent passer du rire aux larmes en une fraction de seconde. Si vous ne vous êtes jamais occupée d'un bébé, vous pouvez vous sentir débordée dans votre nouveau rôle. Passez donc du temps avec des mamans et leurs bébés pour développer votre confiance en vos capacités.

■ **Votre couple est-il prêt ?**

Votre grossesse et l'arrivée du bébé perturberont votre vie de couple. Si l'un d'entre vous s'implique beaucoup moins dans son rôle de parent, les soins à apporter au bébé peuvent devenir un sujet de dispute. Pour préserver votre couple, trouvez des solutions de garde fiables et souples, et demandez le soutien de votre famille et de vos amis.

■ **Quelle énergie mettez-vous dans votre carrière ?**

Avoir un bébé peut s'apparenter à un second travail. Si vous avez un emploi stressant et prenant, il se peut que vous n'ayez ni le temps ni l'énergie de mener les deux de front. Réfléchissez aux moyens de réorganiser votre vie professionnelle afin d'être disponible pour vous occuper d'un bébé.

■ **Vos loisirs sont-ils compatibles avec un bébé ?**

Un bébé a besoin de repas réguliers, de couches propres et d'endroits tranquilles pour dormir. Si le ski, le kayak, la visite de musées ou les conférences font partie de vos loisirs préférés, trouvez le bon équilibre entre votre vie sociale et votre enfant en ajustant votre planning de loisirs et en cherchant une bonne baby-sitter.

■ **Êtes-vous financièrement prêts ?**

Votre couple doit prendre en considération tous les aspects financiers liés à l'éducation d'un enfant : garde, vêtements, jouets et équipements (poussette, siège-auto), puis planifier le budget bébé en conséquence. Demandez conseil à des amis parents.

---

blanches, pleurs, frustration de ne pas savoir ce qu'a le bébé. Les bébés sont exigeants et imprévisibles. Ils ne peuvent pas vous dire ce dont ils ont besoin, et vous vous sentirez probablement perdue ou impuissante, ce qui peut être difficile à assumer, surtout si vous avez la réputation d'être organisée et efficace. S'occuper d'un bébé nécessite beaucoup de temps et d'attention. S'il a faim, s'il n'est pas à l'aise ou s'il veut juste des câlins, il vous le fera savoir et n'arrêtera de pleurer que lorsque vous aurez compris ce qu'il veut. Votre bébé deviendra votre première priorité pour un bon moment, et cela peut engendrer des tensions dans vos relations avec les autres, nuire à votre carrière et ébranler votre image de vous-même en tant que personne capable et indépendante.

Mais souvent les aspects de la vie qui nécessitent le plus d'attention sont également ceux que l'on finit par trouver les plus précieux et enrichissants. Non seule-ment votre bébé bouleversera votre vie, mais il révèlera également vos incroyables capacités maternelles. Il vous donnera beaucoup d'amour en retour, et vous aurez l'impression d'être la personne la plus importante au monde et d'accomplir le plus beau des métiers. Même dans les moments les plus frustrants, un sourire de lui peut vous faire oublier votre fatigue et les occasions manquées de sortie avec vos amis.

SE PRÉPARER À LA CONCEPTION

La préparation physique et affective est essentielle pour les femmes plus âgées : elle a une forte influence sur leur fertilité, leur bien-être pendant la grossesse et la santé de leur bébé. Durant la grossesse, le corps satisfait les besoins du bébé avant ses besoins propres. Une bonne santé et un moral solide vous éviteront une baisse de vitalité pendant la grossesse, et accéléreront votre rétablissement après l'accouchement.

Votre couple

La fertilité diminue avec l'âge et les délais de conception sont plus longs pour les couples plus âgés (voir p. 24–25). Il ne faut pas que quelques mois d'attente vous fassent douter de vous : cela pourrait semer la discorde dans votre couple. Un aspect important de la phase de préconception est de veiller à se sentir confiant et serein.

PRENDRE SOIN DE SOI

Le rituel mensuel consistant à compter le nombre de jours avant la période de conception optimale, puis à attendre la période des règles, peut entamer votre moral. Plusieurs stratégies peuvent vous aider, votre compagnon et vous, à conserver un bon équilibre.

Élaborer une routine mensuelle La phase d'attente pouvant se prolonger longtemps, mettez au point la routine la moins complexe et la plus satisfaisante pour votre conjoint et vous-même. Le mieux est de choisir une seule méthode d'évaluation de la période de fécondité : celle qui vous semble simple et naturelle. Pour certaines femmes, le relevé quotidien de la température fonctionne, alors que d'autres calculent la date d'ovulation par ordinateur et cochent les jours correspondants sur le calendrier (voir p. 24–25). Restez fidèle à une méthode. Si vous en utilisez plusieurs à la fois, la conception risque de devenir une vraie obsession.

rassurez votre conjoint sur le **rôle essentiel** qu'il tient dans votre vie

Trouver du soutien Après plusieurs tentatives de conception infructueuses, vous serez peut-être gagnée par la déception, et vous vous demanderez si vous serez un jour capable de faire un enfant. Cela peut vous rassurer de partager ces pensées avec des femmes qui traversent cette période ou qui l'ont connue. Leurs conseils peuvent vous rendre votre optimisme. Vous trouverez des groupes de soutien pour les femmes de plus de 35 ans sur Internet et dans votre région. Vous pouvez aussi envisager de prendre rendez-vous avec un spécialiste.

DEVENIR PARENTS

Votre conjoint a ses propres espoirs et ses propres doutes à l'idée de devenir père. En général, ce sont les mères qui prennent principalement soin des enfants, surtout au tout début, et beaucoup d'hommes craignent que leur femme reporte leur affection sur leur bébé. Il est toujours bon pour votre couple de parler de vos impressions, de garder à l'esprit l'importance de votre relation, et de ne pas l'oublier dans vos tentatives de fonder une famille.

Engagement parental Dans l'idéal, les deux partenaires s'engagent à parts égales pendant la conception et la grossesse. Toutefois, le parent le plus impliqué doit parfois faire des concessions pour récompenser celui qui est moins enthousiaste des efforts et du temps consacrés au projet parental. Il se sentira plus heureux, par exemple, si vous voyez plus souvent vos proches ou s'il peut sortir régulièrement avec ses amis.

Gérer les relations sexuelles planifiées Si vous avez des problèmes pour concevoir un bébé, vous pouvez en arriver au point de devoir planifier vos rapports sexuels pour optimiser vos chances de réussite.

Ne laissez pas cette idée de planification plomber votre relation. Faites-en un rendez-vous excitant plutôt qu'ennuyeux en laissant, par exemple, une note suggestive dans la poche de votre compagnon. Profitez de ces moments pour mettre vos soucis quotidiens de côté et vous consacrer à votre partenaire. Rappelez-vous qu'il n'est pas nécessaire de limiter vos rapports sexuels à la période d'ovulation. Veillez à donner la priorité à votre plaisir mutuel plutôt qu'à l'idée fixe d'être enceinte.

Cycles d'attente mensuels Attendre chaque mois l'apparition éventuelle des règles et vivre ensemble une nouvelle déception peut vous épuiser nerveusement. Planifiez des « pauses fertilité », pendant lesquelles vous n'essayez plus de tomber enceinte. Décidez d'un nombre de cycles mensuels (tous les quatre ou six mois) où vous ne vous préoccuperez pas de la conception. Vous pouvez aussi profiter de cette période pour organiser des sorties et des moments de détente.

Maman solo

Choisir la monoparentalité peut susciter de la désapprobation – il n'est jamais facile d'être pionnière. Vous avez peut-être choisi la fécondation *in vitro*, ou décidé de ne pas épouser le père de votre enfant. Vous n'êtes pas la seule. De plus en plus de femmes refusent de cultiver une relation peu satisfaisante dans le seul but d'avoir un bébé. Cela ne les empêche pas d'être très proches de leur enfant. Un bon réseau de soutien est vital. Il doit inclure une équipe médicale attentive et efficace qui vous traitera avec douceur et répondra clairement et précisément à vos questions. D'autres mères isolées peuvent également vous fournir une aide précieuse en vous permettant de partager vos déceptions et en vous prodiguant des conseils.

Vous trouverez des informations sur Internet ou dans les hôpitaux. Les sages-femmes ou physiothérapeutes, le planning familial et la bibliothèque de votre hôpital vous donneront des informations sur des groupes de soutien ou des associations qui peuvent vous convenir.

Pour un couple plus âgé, *concevoir un enfant peut prendre plus de temps que pour un couple jeune, et il est très important de se soutenir mutuellement.*

Votre carrière

Votre grossesse et l'éducation de votre enfant auront d'importantes répercussions sur votre vie au travail, sur votre carrière, sur votre équilibre travail-vie privée et sur vos finances. Il faut donc savoir à quoi s'attendre avant de concevoir un enfant, et envisager le futur en tant que femme enceinte au travail, puis en tant que mère active.

CONSÉQUENCES PHYSIQUES DE LA GROSSESSE

Quel que soit votre état de santé, les transformations physiques liées à la grossesse vous contraindront à diminuer vos activités, surtout le premier et le troisième trimestres. La plupart des femmes enceintes se plaignent essentiellement de fatigues extrêmes. Vous pouvez vous sentir frustrée de ne plus pouvoir travailler autant ou aussi intensément qu'auparavant, surtout si votre carrière est très importante à vos yeux. En outre, plus la grossesse avancera, plus vous devrez prendre du temps pour les examens prénatals, de plus en plus nombreux. Préparez-vous donc à l'idée de diminuer vos activités professionnelles. Toutefois, pour l'essentiel, rien ne vous empêchera de continuer à être efficace.

Chez les femmes de plus de 35 ans, les complications telles que l'hypertension sont cependant courantes, tout comme l'accouchement par césarienne. Vous devrez peut-être envisager de diminuer vos heures de travail à un stade plus précoce que les femmes plus jeunes.

Votre environnement Si vous êtes exposée à des substances chimiques qui pourraient nuire à la santé de votre bébé (voir p. 20–21), sollicitez le responsable des ressources humaines pour discuter des changements de poste envisageables une fois que vous serez enceinte. Si vous ne voulez pas en parler avec vos employeurs, trouvez conseil auprès de collègues qui ont été enceintes.

PROGRESSION PROFESSIONNELLE

Vous devez bien prendre conscience de vos obligations en tant que mère et de leurs répercussions

Des projets réalistes pour votre grossesse et votre vie de mère vous permettront de poursuivre votre carrière avec succès.

Congé de maternité et congé parental

Au Québec, à l'occasion d'une grossesse, une salariée bénéficie d'un congé d'une durée maximale de 18 semaines continues sans salaire. Si la salariée le demande, l'employeur peut consentir à un arrêt d'une période plus longue. De plus, depuis quelques années, il existe aussi un congé parental. Ainsi, le père ou la mère d'un nouveau-né, ou toute personne qui adopte un enfant mineur, a droit à un congé sans salaire d'au plus 52 semaines continues. Ce congé s'ajoute au congé de maternité, mais ne peut commencer avant la naissance. Durant cet arrêt de travail, le Régime d'assurance-emploi assure une protection de revenu temporaire à l'un ou l'autre des parents en lui versant, selon certaines conditions, des prestations parentales, actuellement de l'ordre de 55% du revenu jusqu'à une certaine limite. Pour avoir droit à ces prestations, vous devez soumettre une demande au bureau d'assurance-emploi de votre localité et avoir accumulé 600 heures d'emploi assurable au cours des 52 dernières semaines ou depuis le début de votre dernière période de prestations.

Lors de la naissance d'un enfant, la loi permet aussi au conjoint de s'absenter de son travail pendant cinq jours. Il peut aussi quitter pour la même période lorsque survient une interruption de grossesse à compter de la 20e semaine. Les deux premiers jours d'absence sont rémunérés si le salarié travaille pour son employeur depuis au moins 60 jours. (Pour plus d'information consulter le **www.naissance.info.gouv.qc.ca**)

sur votre vie professionnelle. Ainsi, vous serez préparée à jongler avec ces deux priorités difficilement conciliables. Avec une bonne organisation et du bon sens, il n'y a pas de raison que votre carrière stagne pendant votre grossesse. Prenez exemple sur des femmes susceptibles de vous inspirer et de vous montrer comment mener ces deux vies à bien. En analysant leur réussite, vous envisagerez ce défi de manière plus positive, et vous éviterez certains écueils.

Politique familiale des entreprises Certaines entreprises ont une politique généreuse en matière de congés maternité, fournissent des gardes d'enfant (crèche sur le lieu de travail ou prise en charge des coûts de la garde) et élaborent une organisation flexible du travail à votre retour. Si votre employeur n'a pas de politique familiale, vous (ou votre conjoint) pouvez envisager de trouver un autre emploi avec des conditions de travail plus flexibles. Toutefois, rappelez-vous que les indemnités supplémentaires de maternité ne s'appliquent qu'après avoir travaillé un certain temps dans l'entreprise.

ÉQUILIBRE TRAVAIL-MAISON

Bon nombre de femmes pensent qu'en matière d'éducation des enfants, les parents endossent leurs rôles traditionnels, la mère assumant la plupart des tâches même si les deux parents travaillent à plein temps. Il est donc important d'évaluer aussi objectivement que possible dans quelle mesure un enfant changera vos vies, et de discuter dès maintenant avec votre compagnon du partage des responsabilités.

Revoir l'équilibre À ce stade, discutez des aspects pratiques pour définir les priorités et les obligations liées à l'éducation d'un enfant, et voyez comment intégrer cette vie de famille dans vos carrières respectives. C'est peut-être l'occasion rêvée pour l'un de vous de faire la pause professionnelle tant désirée, de travailler à temps partiel ou de profiter de la politique familiale de son employeur, le cas échéant, avec une organisation du travail plus souple que celle proposée au conjoint.

Vous pouvez déterminer le rôle de chacun, par exemple qui doit amener bébé à la crèche, qui doit donner le bain et le biberon du soir, qui doit organiser la garde du bébé en cas d'examens postnatals ou si votre enfant est malade pendant une semaine. En réglant ces questions avant l'arrivée du bébé, vous saurez à quoi vous attendre et vous n'aurez pas de mauvaise surprise quant au rôle que vous aurez à tenir. Cela vous permettra également de planifier efficacement votre temps de travail et votre carrière.

Votre état de santé

Même si vous pensez être en bonne santé, il est conseillé de consulter votre médecin avant d'essayer d'être enceinte. Cette visite peut vous rassurer sur vos traitements en cours et donner l'occasion à votre médecin de vérifier que vous n'avez pas de problèmes médicaux. Vous pouvez également faire le point sur votre alimentation et sur les compléments alimentaires que vous pourriez prendre.

L'objectif principal d'un examen d'avant-conception est de s'assurer que les traitements suivis sont sans risque pour votre grossesse, et de les modifier si nécessaire. Dans tous les cas, il est important d'envisager avec votre médecin les effets de l'arrêt d'un traitement sur votre grossesse, comparés à ceux de la continuation du traitement sur le fœtus. Bien des femmes arrêtent les traitements qui leur ont été prescrits de peur de courir un risque, alors que ces traitements sont vitaux pour leur santé et donc pour celle de leur bébé.

Cet examen permet également de faire le point sur les antécédents génétiques du couple.

Le contrôle de la tension artérielle peut faire partie de l'examen de santé d'avant-conception.

Vous pouvez effectuer des dépistages pour vérifier si votre enfant court un risque.

Généralement, la visite d'avant-conception vous permet de recueillir des informations. Votre médecin peut vous poser une série de ques-

S'informer

Un examen avant la conception n'est pas indispensable, mais présente de nombreux avantages. Vous obtiendrez des informations sur :

- les répercussions de vos problèmes médicaux sur votre grossesse ;
- les traitements non compatibles avec votre grossesse, et que vous devez remplacer ;
- les risques de maladie génétique que présente votre bébé et les dépistages disponibles ;
- les suppléments d'acide folique (voir p. 22) que vous pouvez prendre pour prévenir les risques d'anomalie du tube neural.

tions ou vous demander de remplir un formulaire de santé détaillé.

EXAMENS DE ROUTINE

Il est souhaitable de faire un examen de santé de base avec un médecin généraliste. Lors de cette visite, vous pouvez faire contrôler votre tension artérielle, renouveler les vaccins nécessaires, vérifier que vous n'êtes pas atteinte d'anémie ou de maladies de la thyroïde. Si la période est celle où vous devez faire un frottis vaginal, demandez que l'on vous examine sur-le-champ : une fois enceinte, les possibilités d'évaluation d'un résultat anormal sont très limitées.

Immunité C'est aussi une bonne chose de faire une analyse de sang pour voir si vous êtes déjà immunisée contre la rubéole. Si vous contractez cette maladie pendant la grossesse, votre fœtus risque de mourir, ou votre enfant peut plus tard souffrir de problèmes congénitaux : surdité, cataracte ou anomalies cardiaques. Si vous n'êtes pas déjà immunisée, faites-vous vacciner : vous serez protégée, ainsi que votre enfant. Vous devez attendre au moins trois mois après le vaccin avant d'essayer d'être enceinte.

Dépistage d'infections Vous pouvez aussi envisager de faire dépister certaines infections qui pourraient avoir des conséquences sur votre grossesse et votre bébé. Le dépistage du VIH et de l'hépatite B est pratiqué avant tout type d'assistance médicale à la procréation ; il est conseillé aux couples à risque (toxicomanes).

C'est également un examen de routine de début de grossesse dans la plupart des services de consultation prénatale. Le dépistage d'autres infections, telles que l'herpès ou l'hépatite C, n'est pas nécessaire. Certains médecins contrôlent votre immunité à la toxoplasmose, qui peut être contractée en manipulant de la litière pour chats ou en jardinant. Si vous n'êtes pas immunisée, évitez tout contact avec de la litière pour chats, ou portez des gants si vous n'avez pas le choix.

CONSEIL GÉNÉTIQUE

Si quiconque dans votre famille ou dans celle de votre compagnon a une maladie héréditaire, comme la maladie de Huntington, faites appel à un conseil génétique. Il vous indiquera les risques pour votre bébé et les dépistages possibles existants. La plupart des couples peuvent bénéficier d'une amniocentèse et d'un prélèvement de villosités choriales (voir p. 58–59). Dans certains cas, on leur propose une nouvelle technique : le diagnostic préimplantatoire, dans lequel l'ovule de la femme est fécondé *in vitro*, après quoi les cellules d'embryon saines sélectionnées sont implantées dans l'utérus.

Il est recommandé de consulter un conseil génétique si votre compagnon ou vous-même êtes d'origine :
- juive ashkénaze : risque plus élevé de contracter la maladie de Tay-Sachs, de Canavan, de mucoviscidose et d'autres maladies ;

- afro-américaine : risque de souffrir d'anémie à hématies falciformes ;
- méditerranéenne : risque plus élevé de contracter la bêta-thalassémie ;
- d'Asie du Sud-Est : risque plus élevé d'être atteint d'une maladie du sang comme l'alpha-thalassémie.

ALIMENTATION

Si vous essayez d'avoir un enfant, il est important de manger sainement (voir p. 22–23). Prenez des suppléments d'acide folique (400 μg/jour) pour réduire les risques de défaut du tube neural de votre bébé (voir p. 22). Si vous avez un problème de poids, essayez de le résoudre avant d'être enceinte.

Maladies à haut risque

Certains problèmes médicaux peuvent diminuer vos chances de concevoir un enfant ou présenter des risques pour votre santé ou celle de votre bébé. Si vous êtes atteinte d'une des maladies suivantes, consultez votre médecin avant d'essayer d'être enceinte (voir p. 18–19) :

- diabète ;
- maladies de la thyroïde ;
- lupus érythémateux systémique ;
- hypertension ;
- épilepsie ;
- asthme ;
- anémie ;
- hépatite ou VIH ;
- obésité, anorexie ou troubles du comportement alimentaire.

Problèmes de santé

Lors de votre visite médicale d'avant-conception, parlez de vos problèmes médicaux : certains peuvent diminuer vos capacités à avoir un enfant, ou peuvent être aggravés par la grossesse. Certaines maladies requièrent un contrôle plus attentif ou un changement de traitement.

DIABÈTE

Si vous êtes atteinte de diabète, faites particulièrement attention à votre taux de glycémie avant et pendant la grossesse. Il ne doit pas être inférieur à 5 mmol/l à jeun, et à 7,8 mmol/l deux heures après les repas. Si vous suivez ce principe rigoureusement, vous aurez de grandes chances d'avoir une grossesse normale et un bébé en bonne santé. Si vous avez du diabète depuis longtemps, vous risquez davantage d'avoir des complications, notamment une prééclampsie (voir p. 113). Tout problème oculaire lié au diabète peut également s'aggraver.

Un taux de glycémie élevé au moment de la conception peut nuire au développement du bébé et être à l'origine d'une fausse couche ou de défauts de naissance importants : défauts du tube neural ou maladies cardiaques congénitales. Un taux élevé lors de la grossesse ralentit le développement pulmonaire du fœtus : le bébé peut alors avoir des problèmes respiratoires à la naissance.

Il est important, pendant votre grossesse, de dépister très tôt les défauts du tube neural par une analyse de sang ou une échographie. Si vous suivez un traitement contre le diabète, il est préférable de passer à des injections d'insuline avant la conception, car elles ne traversent pas le placenta. Il est essentiel de continuer à contrôler votre taux de glycémie pendant toute la grossesse. Votre vue et vos fonctions rénales doivent aussi être surveillées pendant le premier trimestre. À partir de la 28e semaine, votre obstétricien peut effectuer des échographies supplémentaires pour contrôler la croissance et la santé du fœtus – généralement toutes les quatre semaines, parfois plus fréquemment.

Les injections d'insuline sont sans danger durant la grossesse et jouent un rôle essentiel dans le contrôle du taux de glycémie des diabètes.

LUPUS ÉRYTHÉMATEUX SYSTÉMIQUE (LES)

Les femmes atteintes de cette maladie peuvent avoir une grossesse normale mais il est préférable que la conception se fasse lorsque la maladie est sous contrôle. La plupart des traitements contre le LES sont sans danger pour la grossesse ; un LES actif présente plus de dangers pour le bébé que le traitement lui-même. Les risques de faire une fausse couche ou d'avoir un bébé de petite taille sont accrus. Environ 1 enfant sur 80 naît avec des problèmes cardiaques. Une analyse de sang permet de détecter le syndrome antiphospholipide qui augmente le risque de développement de caillots de sang et favorise l'apparition de problèmes chez le bébé. Lors de la grossesse, il est traité avec des injections d'anticoagulants pour prévenir la formation de caillots de sang. Votre médecin procède à des examens supplémentaires autour de la 32e semaine pour vérifier la santé du bébé. Des échographies permettent également de contrôler la croissance du bébé, et l'accouchement est provoqué de manière anticipée.

ÉPILEPSIE

La plupart des médicaments anti-épileptiques sont causes d'augmentation du risque d'anomalies congénitales chez l'enfant. Pour minimiser ce risque, consultez votre neurologue afin qu'il réduise votre traitement à une dose minimale juste suffisante pour contrôler les crises, même si cela doit vous empêcher de conduire. Si vous prenez un traitement contre les crises, un dépistage d'anomalies du tube neural doit être effectué à la 15e semaine et une échographie entre la 20e et la 22e semaine.

HYPOTHYROÏDIE

Vos besoins en hormones thyroïdiennes augmentent considérablement pendant la première moitié de la grossesse, et ce dès la première semaine d'aménorrhée. Quand vous apprenez que vous êtes enceinte, consultez votre médecin afin qu'il contrôle vos fonctions thyroïdiennes et vous prescrive éventuellement un traitement. Ce suivi devra être répété trois à quatre fois au cours votre grossesse et la médication sera adaptée en fonction de vos besoins.

Le traitement de l'hypothyroïdie est très important : même un taux d'hormones thyroïdiennes légèrement plus bas peut avoir des répercussions sur le développement du cerveau du bébé et de son système nerveux. L'analyse des fonctions thyroïdiennes est conseillée pour les femmes de plus de 35 ans atteintes de maladies auto-immunes comme le LES ou le diabète, et pour les femmes ayant des antécédents familiaux de maladies thyroïdiennes.

OBÉSITÉ

Si vous êtes obèse (indice de masse corporelle supérieur à 30), vous êtes plus exposée à des complications, dont les risques de fausse couche. Certaines complications sont dues à un diabète non diagnostiqué. Vous risquez également de développer du diabète et de l'hypertension. Les femmes obèses accouchent souvent par césarienne.

HYPERTENSION

Si vous suivez un traitement contre l'hypertension, consultez un médecin avant la conception pour qu'éventuellement il change la prescription. Lors de la grossesse, vous risquez de rencontrer des complications comme la prééclampsie (voir p. 113). Faites contrôler vos fonctions rénales au cours des trois premiers mois afin d'avoir un taux de référence au cas où des protéines seraient détectées ultérieurement dans vos urines.

Votre médecin peut suggérer, plus tard dans la grossesse, un renforcement du contrôle de la santé du bébé. Il est vital que vous poursuiviez votre traitement : l'hypertension peut provoquer des saignements dans le placenta et peut donc être dangereuse pour le bébé.

DÉPRESSION

La dépression peut s'accentuer à cause du stress de la grossesse et des modifications hormonales qui l'accompagnent. Par conséquent, n'arrêtez pas brusquement les antidépresseurs sans contrôle médical. Durant la grossesse, vous pouvez poursuivre votre traitement en antidépresseurs inhibiteurs sélectifs de la recapture de sérotonine (ISRS), comme la fluoxétine et la sertraline. Avant de modifier votre traitement, il est préférable que votre médecin s'entretienne avec votre psychiatre.

ACNÉ

L'acné peut s'aggraver avec la grossesse. Avant de concevoir le bébé, renseignez-vous auprès de votre médecin sur les effets néfastes de votre traitement. L'isotrétinoïne peut être à l'origine de maladies congénitales graves. Les femmes qui suivent ce traitement doivent utiliser une méthode de contraception fiable. Ne prenez pas d'antibiotiques contre l'acné sans avoir consulté votre obstétricien.

Environnements à risque

Toutes les substances auxquelles vous exposez votre corps, qu'il s'agisse d'aliments ou d'agents polluants comme la fumée de cigarette, ont des effets sur votre santé et sur le fœtus. Avant ou pendant la période de conception, il est très important de prendre conscience des éléments de votre quotidien qui peuvent avoir une incidence sur vos chances de conception et sur la santé de votre enfant.

Les scientifiques n'ont pas étudié précisément les effets de l'environnement sur la fertilité. Il est en effet souvent difficile d'isoler un facteur de risque, comme l'exposition à un pesticide, des autres facteurs de risque d'une fertilité moindre. Toutefois, il est raisonnable d'éviter certains risques connus.

NOURRITURE ET ALCOOL

Certains aliments sont potentiellement dangereux : ils peuvent être contaminés par des polluants (comme le mercure) ou des micro-organismes (comme la listériose) et provoquer des maladies (voir p. 48–49). Le café et l'alcool peuvent également avoir des effets sur la fertilité.

Café Toute proportion gardée, la consommation de café ne réduit pas vos chances d'avoir un enfant. Si vous buvez plus de cinq tasses par jour, votre fertilité peut légèrement baisser. Limitez votre consommation de caféine à 250–300 mg (une tasse en contient environ 90 mg). Souvenez-vous que le thé et certaines boissons non alcoolisées contiennent de la caféine.

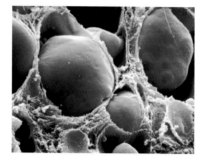

Le développement de l'œuf peut être ralenti par des toxines comme celles contenues dans la fumée de cigarette. Cette photo grossie montre des ovules en maturation dans l'ovaire.

Alcool Si vous buvez plus de quatre à huit boissons alcoolisées par semaine, vous diminuez vos chances d'avoir

un bébé. Un verre de temps en temps n'aura pas d'effet sur votre fertilité, mais il est conseillé d'éviter les excès : vous vous épargnerez des soucis sur les effets éventuels de l'alcool sur votre bébé si vous tombez enceinte.

TABAC

Le tabagisme provoque une baisse significative de la fertilité. On estime qu'environ 13 % des cas de stérilité sont dus au tabagisme. Fumer réduit le volume d'oxygène parvenant au bébé et avance l'âge de la ménopause. Le tabagisme peut contribuer à une diminution prématurée du nombre d'ovules. Malheureusement, la stérilité des fumeuses ne peut pas toujours être traitée avec succès par les techniques d'assistance médicale à la procréation : le tabagisme peut altérer définitivement la capacité des ovaires à répondre aux traitements contre la stérilité. La consom-

mation de marijuana provoque également une baisse de la fertilité, surtout si elle est associée à l'alcool.

Le meilleur moment pour arrêter de fumer, c'est dès maintenant, avant de tomber enceinte.

c'est le **moment idéal** d'énumérer les **dangers** liés à votre environnement

RAYONS X ET RADIATIONS

La quantité de radiations absorbée par votre corps lors de radiographies standard devrait être sans incidence sur votre fertilité. Toutefois, les femmes soumises à des radiations au niveau du bassin pour le traitement d'un cancer peuvent souffrir de problèmes de stérilité. Les niveaux de radiation des radiographies ne devraient pas augmenter les risques de fausse couche, mais il est utile de dire au radiologue que vous essayez d'avoir un enfant afin qu'il protège votre utérus.

INFECTIONS

Certaines infections augmentent les risques de fausse couche, mais la plupart d'entre elles ne présentent aucun risque. La varicelle, la rubéole et la toxoplasmose constituent un problème potentiel si vous les contractez au moment de la conception ou pendant la grossesse. En cas de doute sur votre immunité, demandez à votre médecin de la contrôler et de vous vacciner, si nécessaire, avant la conception. Le vaccin de la rubéole ne doit pas vous être inoculé si vous êtes enceinte ou si vous essayez d'avoir un bébé.

Les femmes de plus de 35 ans sont généralement déjà immunisées contre la toxoplasmose et le parvovirus pour lesquels il n'existe pas de vaccin. Le dépistage de ces maladies avant la grossesse est inutile. Réduisez les risques de contracter la toxoplasmose : ne vous chargez plus de la litière du chat et lavez-vous soigneusement les mains après avoir manipulé de la viande crue.

EST-CE DANGEREUX ?

■ **Les pesticides sont-ils dangereux pour mon bébé ?**

Il existe peu d'études sur le rapport entre la stérilité et l'exposition aux pesticides. Il est toutefois conseillé d'acheter des produits biologiques et de laver tous les fruits et légumes avec soin pendant la période de conception. Limitez également l'utilisation de pesticides et d'herbicides dans votre jardin.

■ **Le tabagisme passif est-il dangereux pour mon bébé ?**

Alors que le tabagisme passif constitue, à long terme, un risque pour la santé, ses effets sur la fertilité et la grossesse sont probablement assez limités. Il est toutefois conseillé d'éviter les espaces clos enfumés, comme les bars, et il est préférable de dissuader les visiteurs de fumer chez vous. En outre, les odeurs fortes de tabac peuvent accentuer les nausées durant la grossesse.

■ **Qu'en est-il des risques d'empoisonnement au mercure ?**

Un lien a été établi entre la baisse de la fertilité et des niveaux élevés de mercure, également à l'origine de problèmes de développement du bébé. Le mercure absorbé provient en grande partie de la consommation de poissons. Il est déconseillé aux femmes enceintes ou en phase de conception de manger du requin, du marlin et de l'espadon qui peuvent contenir de forts taux de mercure. Limitez aussi votre consommation de thon à quatre conserves de taille moyenne ou à deux steaks frais par semaine. Six mois avant de tomber enceinte, surveillez votre consommation de poissons : le mercure reste longtemps dans l'organisme.

■ **Dois-je éviter d'utiliser les micro-ondes et les ordinateurs ?**

Aucune étude n'a encore montré de lien probant entre l'utilisation de ces appareils et la baisse de la fertilité ou l'augmentation de fausses couches. Les radiations qu'ils émettent sont très faibles (inférieures à celles de beaucoup de sources naturelles comme le soleil). Les micro-ondes ne peuvent pas pénétrer le derme à plus de quelques millimètres.

■ **Est-il dangereux de se teindre les cheveux ?**

Votre peau absorbe une quantité infime de teinture pour cheveux. Celle-ci ne devrait donc pas constituer un risque pour votre fertilité.

■ **Quelles autres substances chimiques doit-on éviter ?**

Évitez les substances dégageant de fortes odeurs (peinture, solvants et produits d'entretien) ; portez des gants, un masque et des vêtements de protection ; aérez la pièce où vous travaillez.

Alimentation et exercice

Les mois précédents la conception, une bonne alimentation et des exercices physiques appropriés peuvent améliorer votre santé physique et morale. Pour les futurs parents plus âgés, prendre des forces pour les périodes de conception et de grossesse peut faciliter la procréation et l'accouchement.

Acide folique

L'acide folique est un nutriment essentiel pendant la période de conception. Bien que l'on en trouve naturellement dans plusieurs aliments, il est conseillé de prendre des suppléments pour éviter toute carence de cette vitamine. Une prise suffisante d'acide folique avant la conception peut diminuer de 70 % le risque d'apparition de déficiences du tube neural qui affectent le cerveau et la moelle épinière du bébé. Ces défauts apparaissent dans les vingt-huit premiers jours suivant la conception, avant même que les femmes réalisent qu'elles sont enceintes.

- Idéalement, commencez à prendre des suppléments d'acide folique au moins trois mois avant la période de conception.
- La dose conseillée est de 0,4 mg par jour.
- Essayez également d'inclure dans votre alimentation deux apports de fruits et légumes riches en acide folique, comme la papaye et l'asperge. Le pain, les graines et les céréales pour le petit déjeuner en contiennent également.

Si votre santé et votre forme physique sont bonnes, vous maîtriserez au mieux votre grossesse et votre accouchement. Le mieux est de se mettre en forme avant la grossesse ; par la suite, vous serez amplement récompensée des régimes et de l'exercice.

UNE ALIMENTATION SAINE

Une alimentation saine a des effets très positifs sur votre santé et votre équilibre hormonal. Elle vous donne les meilleures chances de réussite lors de la conception. En mangeant des aliments frais, variés et bien équilibrés, vous absorbez tous les nutriments nécessaires. Essayez d'inclure dans votre alimentation les groupes alimentaires principaux : viandes et poissons, graines et céréales, fruits et légumes, laitages. Réduisez la consommation d'aliments transformés, de plats cuisinés et de sucres raffinés. Préférez les graisses insaturées aux graisses saturées, et mangez des hydrates de carbone régulière-

Mangez beaucoup de fruits et de légumes variés. Il est recommandé d'en manger sept portions par jour, si possible des produits biologiques. Un jus de fruits équivaut à une portion.

ment mais avec modération. Préférez les hydrates de carbone complexes (céréales complètes, légumineuses, fruits et légumes) aux hydrates de carbone simples à assimilation rapide, qui sont très caloriques mais peu nutritifs (sucres et farines raffinées).

Les fibres et les protéines sont indispensables à une alimentation équilibrée. Veillez également à votre consommation d'eau ; essayez de boire au moins six verres par jour.

VOTRE POIDS

Votre poids avant la grossesse influe sur votre bien-être pendant la grossesse et sur le poids de votre bébé à la naissance.

La fertilité des hommes et des femmes souffrant d'un surpoids important est réduite. Les femmes obèses ont plus de risques de faire une fausse couche ou d'avoir des complications lors de la grossesse et de l'accouchement (diabète gestationnel ou hypertension).

Une maigreur excessive peut également être un problème. Souvent, les femmes maigres n'ovulent pas régulièrement, ce qui réduit leurs chances d'avoir un bébé. Elles risquent également d'accoucher de bébés trop maigres. Pour être en meilleure santé et éviter les complications pendant la grossesse, il est conseillé de prendre les mesures nécessaires avant la conception.

PROGRAMME DE REMISE EN FORME

La liste des avantages liés aux exercices physiques avant et après la

Y a–t–il un risque à faire trop de sport ?

En faisant des exercices modérés, vous ne réduisez pas votre fertilité et n'augmentez pas les risques de faire une fausse couche. En revanche, les sportives de haut niveau ovulent souvent irrégulièrement, voire pas du tout. Aussi, si vous pratiquez un sport intensif plusieurs heures par jour, veillez particulièrement à ce que vos ovulations soient régulières (voir p. 24). Si c'est le cas, le sport n'altérera pas vos chances de tomber enceinte.

conception est longue : bonne condition physique générale, contrôle du poids, image positive de soi, équilibre émotionnel et diminution du stress… Les femmes en forme sont moins sujettes aux complications chez les mères plus âgées, comme l'hypertension et le diabète, et peuvent s'attendre à un accouchement et à une récupération plus faciles.

Commencer un programme d'exercices Compte tenu de l'extrême fatigue du début de la grossesse, il est plus difficile de commencer un programme d'exercices une fois enceinte. Aussi, le meilleur moment pour débuter est dès maintenant. Si vous êtes obèse ou atteinte de diabète, consultez d'abord votre médecin. Le programme idéal qui vous permettra d'être en bonne santé inclut des exercices cardiovasculaires, des exercices de renforcement musculaire et de souplesse.

Exercices cardiovasculaires

La marche, la natation et le vélo améliorent le fonctionnement des poumons, du cœur et de l'appareil circulatoire, ainsi que votre bien-être émotionnel. Ces sports vous

permettent également de mieux dormir.

Pour être efficace, vous devez faire au moins trente minutes d'exercice à un bon rythme cardiaque. Pour savoir si votre rythme cardiaque est optimal, déterminez à quel moment vous êtes à bout de souffle. Si vous pouvez encore tenir une conversation pendant la durée de l'exercice, l'intensité est correcte. Vous pouvez également utiliser un moniteur cardiaque.

Musculation Les exercices de musculation vous permettent d'augmenter votre force musculaire. En renforçant vos muscles abdominaux, vous éviterez le mal de dos pendant votre grossesse et toute votre vie.

Souplesse Les exercices d'étirement permettent de prévenir les blessures : vous relâchez vos muscles et augmentez l'étendue de vos mouvements. Ils favorisent également la respiration profonde, la relaxation, la circulation sanguine, ce qui permet de diminuer les douleurs et de se sentir mieux. Le yoga et la danse font également travailler la souplesse.

Comprendre votre fertilité

L'âge influe manifestement sur la fertilité. Celle-ci commence à décliner après 35 ans, sous l'action de nombreux facteurs : diminution du nombre d'ovules sains, augmentation du risque d'apparition de problèmes de santé (comme le diabète), baisse de la fréquence des rapports sexuels. En comprenant votre fertilité, vous optimiserez vos chances de conception.

Les moyennes statistiques tiennent compte d'un niveau de santé et d'un style de vie qui ne reflètent peut-être pas votre situation. Ainsi, tout en envisageant la possibilité que les délais de conception puissent être plus longs, vous pouvez raisonnablement estimer que vous tomberez enceinte dans l'année : planifiez donc en toute confiance une stratégie pour réussir. La plupart des couples y parviennent en moins d'un an, mais ceux qui programment leurs rapports sexuels doublent leurs chances. Il suffit que vos rapports coïncident avec les jours les plus fertiles de votre cycle menstruel.

PRÉDIRE L'OVULATION

Plusieurs méthodes permettent de déterminer votre période de fertilité (ou d'ovulation). Choisissez celle que vous préférez et n'en changez pas.

Continence périodique et calculateurs d'ovulation

Ces deux méthodes évaluent votre période de fertilité en se fondant sur l'intervalle entre les menstruations (en général, entre vingt-huit

Pour prédire le jour de l'ovulation, mesurez votre température corporelle de base tout au long de votre cycle menstruel à l'aide d'un thermomètre basal, sensible à la moindre variation de température.

et trente jours). Pour connaître votre plage de fertilité, soustrayez quatorze jours de la durée du cycle (si votre cycle est de trente jours entre deux périodes menstruelles, soustrayez quatorze à trente, soit seize). Ce nombre correspond au jour présumé de l'ovulation où vous êtes le plus fécondable.

Les calculateurs d'ovulation fonctionnent sur le même principe mais effectuent le calcul à votre place. La continence périodique n'est pas fiable pour des cycles inférieurs à vingt-et-un jours ou supérieurs à trente-cinq jours, et elle reste imparfaite même pour des cycles réguliers de vingt-huit jours.

Quelle sexualité pour tomber enceinte ?

Vous pouvez augmenter vos chances de tomber enceinte en variant les moments de vos rapports sexuels et la manière dont ils se déroulent.

■ **Fréquence** Certains experts conseillent d'avoir des rapports quatre jours sur les six les plus fertiles, d'autres d'avoir des rapports tous les deux ou trois jours. Cependant, des rapports quotidiens ou rares (moins fréquents que tous les dix à quatorze jours) sont sûrement nuisibles au taux de spermatozoïdes.

■ **Position** Certains experts conseillent aux femmes de rester allongées vingt minutes après le rapport pour minimiser les fuites de sperme du vagin, mais il n'a pas été prouvé que cela augmente les chances de conception.

■ **Plaisir sexuel** Les femmes qui ont des orgasmes semblent tomber plus rapidement enceintes : les mouvements vaginaux et utérins facilitent le déplacement des spermatozoïdes dans l'utérus et les trompes de Fallope.

Température basale Votre température corporelle au repos augmente de 0,3 °C juste après l'ovulation. Sensible à de très petites variations de température, un thermomètre basal peut mesurer ce changement. Pour définir votre cycle d'ovulation et évaluer le moment de l'ovulation, prenez votre température et notez-la tous les matins à la même heure pendant trois ou quatre mois.

Glaire cervicale La consistance et la couleur de la glaire cervicale changent tout au long de votre cycle menstruel (voir encadré à droite). Vers le milieu du cycle, la glaire perd son aspect opaque et collant pour devenir claire, glissante et élastique, au moment où vous êtes le plus féconde. Pour la tester, recueillez quelques sécrétions de votre vagin avec votre index. Si la glaire est claire et forme un filament très fin entre votre index et votre pouce : c'est le moment où vous êtes le plus féconde.

Kits de prédiction de l'ovulation Ces tests détectent l'augmentation de l'hormone lutéinisante (LH) qui intervient deux à trois jours avant l'ovulation. Calculez la période pendant laquelle vous devriez être le plus fertile, puis utilisez ce test plusieurs jours avant et après. Chaque test indique un résultat positif ou négatif pour le jour testé uniquement. Ces kits sont coûteux et pas toujours fiables.

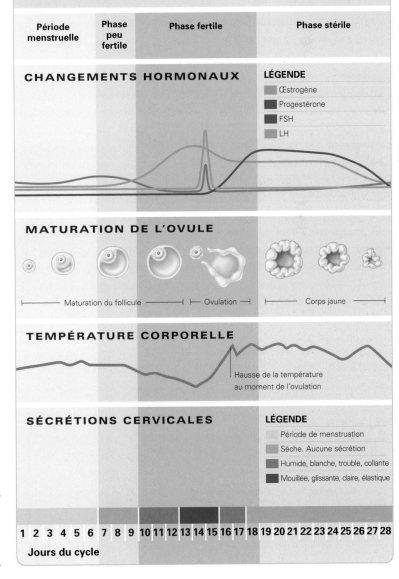

Changements pendant le cycle menstruel

Le cycle menstruel résulte de l'interaction complexe de plusieurs hormones. L'augmentation du taux d'hormones folliculostimulantes (FSH) stimule la maturation des follicules dans les ovaires ainsi que la production d'œstrogènes. L'augmentation du taux d'hormones lutéinisantes (LH) déclenche la libération de l'ovule ainsi que l'augmentation de la température corporelle. Dans la seconde moitié du cycle (après l'ovulation), la progestérone (émise par le follicule libéré) inhibe la production de FSH et de LH, et poursuit l'épaississement de l'utérus afin qu'il soit prêt à accueillir l'œuf fécondé. Les sécrétions cervicales changent tout au long du cycle.

| Période menstruelle | Phase peu fertile | Phase fertile | Phase stérile |

CHANGEMENTS HORMONAUX

LÉGENDE
- Œstrogène
- Progestérone
- FSH
- LH

MATURATION DE L'OVULE

Maturation du follicule — Ovulation — Corps jaune

TEMPÉRATURE CORPORELLE

Hausse de la température au moment de l'ovulation

SÉCRÉTIONS CERVICALES

LÉGENDE
- Période de menstruation
- Sèche. Aucune sécrétion
- Humide, blanche, trouble, collante
- Mouillée, glissante, claire, élastique

1 2 3 4 5 6 7 8 9 10 11 12 13 14 15 16 17 18 19 20 21 22 23 24 25 26 27 28

Jours du cycle

Difficultés à procréer

Il est parfaitement normal que la conception d'un enfant prenne plus de temps avec l'âge, mais plutôt que d'attendre trop longtemps que la nature fasse son travail, consultez un médecin ou un gynécologue si vous n'êtes toujours pas enceinte au bout de six mois.

La fertilité diminue avec l'âge et les femmes qui attendent d'avoir plus de 35 ans pour avoir des enfants courent plus de risques d'avoir des problèmes de conception que les femmes plus jeunes. Mais cela ne signifie pas qu'elles ne peuvent pas y parvenir. Il leur faut juste un peu plus de temps. Cette baisse de la fertilité est probablement due à plusieurs facteurs. Tout d'abord, il existe un risque plus important de fausse couche non reconnue due à des anomalies chromosomiques.

Des cycles menstruels irréguliers ou en retard peuvent être synonymes de fausse couche très précoce. L'âge peut également avoir une incidence sur l'utérus : les femmes plus âgées risquent davantage de développer des fibromes qui réduisent les chances d'implantation de l'œuf fécondé (croissance de tissus fibreux dans l'utérus).

S'ORGANISER POUR RÉUSSIR

Même si vous n'êtes pas encore tombée enceinte, cela peut probablement encore arriver. Seulement 1 % des couples est considéré comme stérile. Après quelques mois de tentatives infructueuses, réévaluez votre mode de vie et les estimations de périodes d'ovulation, mais n'attendez pas trop longtemps avant de demander de l'aide.

Période d'ovulation Des rapports sexuels ciblés augmentent significativement les chances de conception. Calculez avec exactitude votre période d'ovulation (voir p. 24–25).

Garder un mode de vie sain Votre mode de vie a probablement peu d'impact sur votre fertilité, mais si vous n'arrivez pas à concevoir un bébé, vous pouvez maximiser vos chances en éliminant tous les aspects de votre vie quotidienne qui pourraient avoir un impact négatif. Surveillez votre consom-

Comprendre la conception

Lorsqu'un ovaire libère un ovule mature, ce dernier est acheminé dans une trompe de Fallope vers l'utérus. La fécondation se produit généralement dans la trompe de Fallope avec l'un des spermatozoïdes qui traverse la paroi de l'ovule. À ce stade, le noyau du spermatozoïde fusionne avec celui de l'ovule. L'œuf fécondé se divise en deux cellules, puis en quatre, puis en huit, etc. Il s'implante dans l'utérus cinq à sept jours après la fécondation.

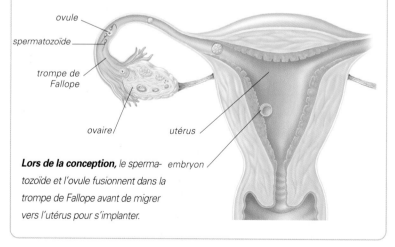

ovule

spermatozoïde

trompe de Fallope

ovaire   utérus

embryon

Lors de la conception, *le spermatozoïde et l'ovule fusionnent dans la trompe de Fallope avant de migrer vers l'utérus pour s'implanter.*

mation d'alcool et de caféine, et stimulez votre fertilité en prenant les mesures appropriées pour réduire le stress. Faites régulièrement des exercices physiques et ayez une alimentation équilibrée (voir p. 22–23). Il est très facile de revenir aux vieilles habitudes après quelques jours de bonnes intentions. Renforcez votre motivation en vous concentrant sur les points qui nécessitent le moins d'effort, et sur ceux que vous pouvez réaliser en couple.

QUAND DEMANDER DE L'AIDE

Pour les médecins, l'âge des futurs parents est très important : alors qu'un délai d'un an d'attente est raisonnable pour les femmes de moins de 30 ans, la plupart des médecins examinent et traitent les femmes de plus de 35 ans après six mois de tentatives échouées. Chez les femmes de plus de 40 ans, la fertilité peut être testée dès le début. En effet, les chances de procréer naturellement diminuent assez régulièrement après 35 ans. À l'âge de 40 ans, un tiers des couples risque de rencontrer des problèmes de stérilité. Après 40 ans, deux tiers des femmes ont des problèmes de fertilité.

Vous pouvez aussi trouver de l'aide auprès du planning familial et des associations de lutte contre la stérilité (voir p. 154–155) qui vous donneront conseils, documentation, et seront à votre écoute. La collecte d'informations sur les traitements disponibles vous permettra de mieux appréhender

---

QUESTIONNAIRE DE SANTÉ

■ **Avez-vous des problèmes de règles ?**

Si vos menstruations sont irrégulières ou imprévisibles, faites des examens pour déterminer si vous ovulez régulièrement. Si vos règles sont abondantes et douloureuses, faites-vous examiner pour vérifier que vous n'êtes pas atteinte d'une endométriose, qui peut nuire à la fertilité : les tissus recouvrant l'utérus apparaissent dans d'autres parties de la zone pelvienne, notamment sur les trompes de Fallope et les ovaires.

■ **Avez-vous déjà été atteinte d'une inflammation pelvienne ?**

Cette inflammation peut provoquer des lésions des trompes de Fallope qui peuvent alors s'obstruer. Faites un examen des trompes (voir p. 28) : si elles sont bouchées, la FIV est une des options envisageables.

■ **L'un des membres de votre couple a-t-il suivi un traitement contre le cancer ?**

Certains traitements contre le cancer, notamment la radiothérapie, peuvent avoir une incidence sur la production de spermatozoïdes et d'ovules. Dans certains cas, ces derniers peuvent être prélevés pour une utilisation ultérieure lors d'une assistance médicale à la procréation.

■ **Craignez-vous de ne pas ovuler ?**

Faites un examen médical si, par exemple, votre température basale ou la glaire cervicale ne changent pas durant le cycle menstruel.

■ **Avez-vous déjà fait plus de deux fausses couches ?**

Le médecin vous prescrira probablement à tous deux une analyse chromosomique et d'autres examens.

---

le processus de conception. Vous vous sentirez plus à l'aise et moins anxieuse. Si vous décidez de consulter un spécialiste de la stérilité, demandez qu'on vous recommande une personne attentive et ouverte à différentes options.

Bien des médecins conseillent aux couples rencontrant des problèmes de stérilité d'avoir un suivi psychologique, surtout si la FIV est une des options envisagées. Si l'alternance des phases de déception et d'espoir a généré une grande frustration et que les rapports sexuels programmés ont sapé votre relation, envisagez également de vous faire aider.

COMMENCER UN TRAITEMENT

Selon votre âge et votre état de santé, vous pouvez décider de consulter rapidement un spécialiste de la stérilité. Cela est conseillé surtout en cas de problèmes de santé comme des menstruations irrégulières (voir encadré). Étudiez l'impact des différents traitements sur votre emploi du temps, vos finances et votre moral.

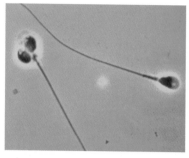

Des spermatozoïdes anormaux,
comme le spermatozoïde à deux têtes ici
à gauche, peuvent être une cause de
stérilité chez l'homme.

Une trompe de Fallope obstruée peut
entraîner des problèmes de stérilité. Le
produit circule dans l'étroite trompe de
droite mais celle de gauche est obstruée.

TESTS ET ANALYSES

Les premiers tests de stérilité permettent de vérifier si les spermatozoïdes de votre compagnon sont normaux, si vous ovulez bien, et si vos trompes de Fallope ne sont pas obstruées. La moitié des problèmes de stérilité proviennent d'un problème de production des spermatozoïdes. Ceux-ci peuvent avoir une forme anormale ou être en quantité insuffisante. En ce qui concerne l'ovulation, le médecin vous posera des questions détaillées sur vos cycles menstruels : s'ils sont réguliers et prévisibles, c'est bon signe. Il vous prescrira également une prise de sang pour contrôler vos taux d'hormones. La mesure du taux d'hormones folliculostimulantes (FSH), trois jours après le début du cycle menstruel, constitue l'un des examens les plus caractéristiques. La FSH stimule les ovaires : ce taux doit donc être élevé au début du cycle. S'il est normal, cela indique que la réserve d'ovules est inférieure à la normale ou que la qualité des ovules est moindre.

Si les spermatozoïdes de votre compagnon sont normaux et que vous ovulez normalement, votre médecin devra trouver d'autres explications. Votre gynécologue peut faire une hystérosalpingographie pour examiner votre utérus et contrôler si les trompes de Fallope sont perméables. Il introduit un produit de contraste dans votre utérus à l'aide d'un tube étroit placé dans la cavité utérine. Le produit se propage dans les trompes et révèle toute obstruction ou problème présents dans l'utérus.

Le gynécologue peut également procéder à une hystéroscopie (introduction d'un fibroscope à travers le col de l'utérus pour l'examen de l'utérus) ou à une cœlioscopie (introduction chirurgicale d'un fibroscope dans l'abdomen pour l'examen de l'utérus, des ovaires et des trompes). Une fois les examens terminés, le médecin vous présente les résultats. S'il s'avère que vos ovaires ne peuvent pas produire d'ovules, vous pouvez bénéficier d'un don d'ovocytes (voir p. 31). Dans 15 % des cas, aucune explication n'est trouvée, mais les stérilités non expliquées réagissent également aux traitements de fertilité.

Choisir un spécialiste de la stérilité

Les centres de fertilité essaient de vous impressionner avec leur taux de réussite, mais vous devez tenir compte d'autres facteurs tout aussi importants.

■ Adressez-vous à un gynécologue expérimenté dans le traitement de la stérilité.

■ Si le taux de réussite vous importe, veillez à bien comparer des données de même ordre, telles que le taux de réussite des femmes de votre âge. Renseignez-vous sur le taux de jumeaux ou de triplés. Plus les centres organisent des cycles de traitement, plus le taux de réussite est élevé, mais il est inutile d'aller dans le centre le plus fréquenté : au-delà de 138 cycles par an, le taux n'augmente plus avec le nombre de femmes traitées.

■ Assurez-vous d'être à l'aise avec le personnel. Le traitement contre la stérilité est une source de stress : si vous vous sentez traitée avec respect et que vous obtenez toutes les réponses à vos questions, le processus n'en sera que plus facile.

Procréation assistée

Les progrès de la médecine permettent à un plus grand nombre de femmes d'avoir des enfants. Les problèmes de fertilité étant plus courants avec l'âge, les femmes de plus de 35 ans sont les principales candidates à l'assistance médicale à la procréation (AMP).

L'assistance médicale à la procréation se caractérise par le déclenchement provoqué de l'ovulation. On peut procéder uniquement à la stimulation des ovaires ou combiner cette méthode avec une fécondation assistée. Pour les femmes présentant des ovaires polykystiques, un traitement de la fertilité (citrate de clomiphène) avec ou sans metformine, peut être suffisant pour les aider à tomber enceinte. Si elles ne réagissent pas à ce traitement médicamenteux, l'étape suivante consiste à combiner des injections d'hormones (gonadotrophines) avec une fécondation assistée. Votre compagnon peut vous faire les injections à la maison. Au cours de ce traitement hormonal, l'hôpital contrôlera la production d'ovules par ovaire en effectuant des échographies fréquentes. Si vos ovaires répondent bien au traitement, vous prendrez de la gonadotrophine chorionique humaine (hCG), qui déclenche l'ovulation. Parallèlement, votre médecin introduira un échantillon de spermatozoïdes de votre compagnon dans votre utérus (insémination intra-utérine).

Si vos trompes de Fallope sont obstruées, que le taux de spermatozoïdes de votre compagnon est très faible ou que les traitements essayés ont échoué, vous vous verrez probablement proposer une fécondation *in vitro* (FIV). On utilise les mêmes traitements hormonaux que pour la stimulation des ovaires, mais les ovules sont prélevés de vos ovaires à l'aide d'une aiguille guidée par échographie (voir p. 30). Pour une FIV conventionnelle, les ovules

Rencontre du spermatozoïde et de l'ovule *grâce à l'ICSI, où un seul spermatozoïde est injecté dans l'ovule.*

sont mêlés aux spermatozoïdes de votre compagnon dans une boîte de Petri au laboratoire.

Si le problème de conception provient des spermatozoïdes, des techniques microscopiques permettent d'injecter un seul spermatozoïde dans chaque ovule. On parle de FIV avec micro-injection (ICSI).

Après la fécondation, les embryons sains sont replacés dans votre utérus à l'aide d'un tube étroit (cathéter) introduit par le col. Vous subirez ensuite des examens réguliers (prises de sang et échographies) pour savoir si vous êtes enceinte.

La succession d'une stimulation hormonale, d'un prélèvement d'ovules, d'une fécondation et d'un transfert de l'embryon dans l'utérus est appelée « cycle FIV ».

EFFETS SECONDAIRES

Les traitements hormonaux ne sont pas une partie de plaisir. Aux injections quotidiennes s'ajoute l'effet des hormones et du stress lié à l'attente du succès du traitement, ce qui risque de vous rendre lunatique et irritable. De plus, vos ovaires vont grossir considérablement : vous vous sentirez ballonnée et aurez parfois une sensation de gêne abdominale. Dans certains cas, les ovaires sont trop stimulés par le traitement hormonal et le cycle FIV doit être arrêté (aucun ovule ne sera prélevé). Le cycle peut également être interrompu si vos ovaires ne réagissent pas aux traitements hormonaux, ce qui se produit plus souvent chez les femmes de plus de 35 ans.

TAUX DE RÉUSSITE

Les chances de tomber enceinte avec une assistance médicale à la procréation dépendent de plusieurs facteurs. En général, votre médecin ne peut pas calculer vos chances de réussite tant qu'il n'a pas évalué la manière dont votre corps réagit à la stimulation hormonale. Pour vous faire une idée, demandez-lui le taux de réussite des femmes de votre âge. En France, en 2001, les femmes avaient un taux de réussite de 20,5 % par cycle FIV entre 35 et 37 ans, 17,8 % entre 38 et 40 ans, 8,5 % entre 42 et 44 ans, et 2,2 % après 45 ans.

RISQUES POTENTIELS

Le risque principal que vous encourez avec l'assistance médicale à la procréation est de faire une grossesse multiple. Plus vous portez d'enfants, plus les complications durant votre grossesse sont probables (surtout à partir de trois bébés). Les problèmes les plus sérieux sont la fausse couche ou l'accouchement très prématuré (moins de 28 semaines de grossesse) dont sont issus des bébés très malades ou avec des problèmes

---

Qu'est-ce que la fécondation *in vitro* (FIV)?

Au cours d'une FIV, les traitements hormonaux stimulent vos ovaires pour qu'ils produisent des ovules qui seront ensuite prélevés à l'aide d'un tube flexible étroit guidé par échographie. Selon le succès de la stimulation hormonale, il est possible de prélever jusqu'à dix ou douze ovules. Ceux-ci sont associés avec les spermatozoïdes de votre compagnon dans une boîte de Petri au laboratoire, ou bien un seul spermatozoïde est injecté dans chacun d'entre eux (ICSI). Après la fécondation, les embryons sains sont sélectionnés puis implantés dans votre utérus *via* un tube étroit (cathéter) introduit dans le vagin et le col de l'utérus. Le tube est ensuite enlevé doucement.

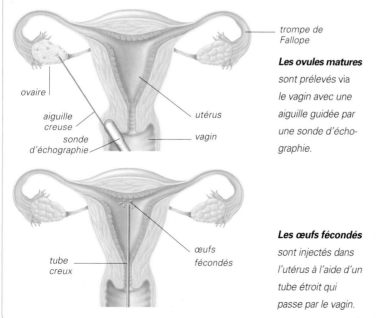

ovaire

aiguille creuse
sonde d'échographie

utérus

vagin

trompe de Fallope

Les ovules matures *sont prélevés* via *le vagin avec une aiguille guidée par une sonde d'échographie.*

tube creux

œufs fécondés

Les œufs fécondés *sont injectés dans l'utérus à l'aide d'un tube étroit qui passe par le vagin.*

Un nouvel œuf fécond commence à se développer dans la muqueuse utérine.

de santé à long terme. Il est important d'évoquer, dès le départ, ces risques avec un spécialiste de la stérilité. Vous pouvez avoir des triplés suite à un traitement au citrate de clomifène seul, mais si vous effectuez une FIV, discutez franchement des risques et des avantages avec votre médecin. Bon nombre de spécialistes limitent le transfert embryonnaire à deux embryons pour réduire les risques de grossesses de triplés ou plus. De nombreuses femmes s'inquiètent également du risque d'avoir un bébé avec une anomalie congénitale due à une FIV. Quatre pour cent des bébés conçus naturellement naissent avec une maladie congénitale. Pour les femmes ayant subie une FIV, le risque est plus élevé (9 % selon une étude récente). Toutefois ce risque n'est peut être pas dû à la FIV, mais plutôt aux ovules et spermatozoïdes des couples bénéficiant d'un traitement contre la stérilité. La bonne nouvelle est que 91 à 95 % des bébés nés après une FIV sont en bonne santé.

Dans le passé, on a eu quelques inquiétudes sur la stimulation hormonale des ovaires répétée, qui

DONS D'OVOCYTES

■ **Pourquoi le médecin pourrait-il me conseiller d'utiliser des dons d'ovocytes ?**

Le médecin peut vous le recommander si vous avez moins de 39 ans, si votre ménopause est précoce ou que vous n'ovulez pas, si votre bébé risque d'être atteint d'une maladie héréditaire, ou si des examens ont montré que vos ovules sont de faible qualité. En France, les dons d'ovocytes ne sont pas très répandus et la demande est plus importante que l'offre.

■ **Comment sont sélectionnés les dons d'ovocytes ?**

Le don est fait anonymement par des femmes déjà mères, dont l'âge au moment du don est inférieur à 36 ans. Les caractères physiques principaux de la donneuse et de la receveuse – ethnie, couleur des cheveux, des yeux, rapport poids/taille, groupe rhésus – permettent des appariements plus harmonieux quand cela est possible.

■ **Quelle est la différence avec une FIV ?**

Les ovocytes de la donneuse sont fécondés avec les spermatozoïdes de votre compagnon puis introduits dans votre utérus selon la procédure normale de la FIV.

■ **Quelles sont les implications légales et financières ?**

Le don est anonyme et gratuit. Pour y accéder, vous devez en général apporter une donneuse.

■ **Quels sont les avantages ?**

L'utilisation de dons d'ovocytes permet de réduire les risques d'avoir un bébé ayant une anomalie chromosomique (les donneuses ont généralement moins de 30 ans). Par contre, vous devez avoir moins de 39 ans pour accéder au don d'ovocytes. Même si l'enfant n'a pas de lien génétique avec sa mère (bien des femmes peuvent en être affectées), tous les autres aspects de la grossesse seront présents.

aurait été la cause de l'augmentation des risques d'apparition du cancer des ovaires. Mais des études plus récentes montrent que même si le cancer des ovaires est plus courant chez les femmes stériles, la FIV n'en augmente pas les risques.

QUELS COÛTS ?

En France, la Sécurité sociale rembourse complètement les actes et les médicaments nécessaires à la réalisation de FIV, jusqu'à quatre tentatives pour les femmes de moins de 43 ans. Cependant, il est possible de demander le remboursement d'un ou deux essais supplémentaires lorsque les tentatives initiales n'ont pas permis d'obtenir une grossesse, et que l'indication médicale de l'AMP est très favorable.

Fausses couches

Bon nombre de femmes s'inquiètent des risques de faire une fausse couche (10 à 20 % des grossesses reconnues). Même si le risque augmente avec l'âge, la plupart des grossesses des femmes de plus de 35 ans se déroulent normalement. Les fausses couches surviennent, en général, dans les douze premières semaines de la grossesse. Passé ce cap, vous serez plus tranquille.

Le saignement vaginal est un signe courant de fausse couche, mais celle-ci peut survenir sans symptômes. Inversement, ne paniquez pas si vous avez des saignements. Informez-en votre praticien mais rappelez-vous que dans la moitié des cas de saignements au cours du premier trimestre, la grossesse se poursuit normalement. Les symptômes tels qu'une sensibilité des seins ou des nausées indiquent généralement que la grossesse se passe bien. Si votre praticien détecte un rythme cardiaque normal, le risque de fausse couche est faible malgré les saignements. Une fréquence cardiaque fœtale de plus de 100 battements par minute à 6 semaines de grossesse est très bon signe. Si au premier trimestre, le dépistage de la trisomie 21 est négatif, les risques de fausse couche sont encore plus réduits.

CAUSES DE FAUSSE COUCHE

Il est essentiel de comprendre que la plupart des grossesses qui aboutissent à une fausse couche ne sont pas des grossesses normales. Une fausse couche précoce indique généralement qu'un problème génétique ou développemental est apparu très tôt dans la grossesse. Vous n'êtes pas responsable : ne culpabilisez donc pas d'avoir bu un verre de vin, dansé toute la nuit, monté des escaliers à toute vitesse, fait l'amour, travaillé devant votre ordinateur, etc. Même un traumatisme direct à l'abdomen suite à

Surmonter une fausse couche est particulièrement difficile. Le soutien de votre compagnon peut vous aider à accepter cette perte.

un accident de voiture ne devrait pas avoir d'incidence sur votre bébé, en début de grossesse, car votre utérus est protégé par le bassin osseux.

Anomalies génétiques Le plus souvent, elles sont à l'origine de la fausse couche. Elles se développent dès la conception. Ces problèmes étant plus fréquents en vieillissant, les fausses couches de ce type sont directement liées à votre âge. Toutefois, les risques de fausse

Fausses couches répétées

Les fausses couches étant courantes, les praticiens ne pensent pas qu'il faille s'inquiéter suite à une première fausse couche. Si par le passé, vous avez déjà subi une fausse couche, ne vous laissez pas gagner par l'anxiété : il est fort probable que votre grossesse suivante se déroule normalement. De même, si vous avez eu deux fausses couches, vous avez toutes les chances d'avoir une grossesse normale. Toutefois, au bout de trois fausses couches, votre gynécologue doit essayer de trouver une cause curable.

couche chez les femmes de plus de 35 ans sont à peine plus élevés que chez les femmes plus jeunes.

Anomalies du développement Un développement normal est un processus complexe. Dans certains cas, les fausses couches surviennent suite à une « erreur d'aiguillage ». Elles sont plus courantes chez les femmes atteintes d'un diabète non maîtrisé ou celles qui suivent certains traitements.

Facteurs maternels Le syndrome des ovaires polykystiques et l'obésité constituent tous deux des facteurs de risque accru.

Béance du col utérin (béance cervico-isthmique). Il s'agit de l'ouverture prématurée du col de l'utérus. Peu fréquent, il provoque une fausse couche plus tardive (voir p. 111).

RÉTABLISSEMENT ÉMOTIONNEL

La fin brutale et non souhaitée de votre grossesse peut être une grande perte, surtout s'il vous a fallu du temps pour être enceinte, et que vous aviez pleinement conscience de porter un enfant. Même si votre souffrance n'est pas toujours reconnue, il est important que vous l'acceptiez afin de prendre les mesures nécessaires pour guérir avant de recommencer. Bien des personnes seront gênées de vous en parler, et ils pourront vous blesser involontairement en souhaitant vous réconforter. Ne vous vexez pas : ces personnes n'arrivent tout simplement pas à comprendre ce que cette perte signifie pour vous.

Prendre le temps de faire son deuil Le deuil est un travail personnel, chacun surmonte sa peine à sa façon. Vous pouvez passer par plusieurs étapes : tout d'abord la fuite, période pendant laquelle vous continuez votre vie malgré votre immense peine. Ensuite, vous êtes prête à affronter la perte du bébé en vous autorisant à la sentir de temps en temps. À ce stade, vous pouvez être profondément heurtée, en colère ou rongée par la culpabilité. Accepter ces émotions est le meilleur moyen de surmonter cette épreuve et d'admettre cette perte. Le processus peut être long : il est raisonnable de prendre son temps pour se rétablir moralement.

Votre partenaire et vous Il se peut que vous ressentiez et que vous viviez cette perte différemment de votre compagnon. En portant votre bébé, vous avez eu plus conscience de sa présence : ce deuil peut donc vous affecter davantage que votre compagnon. Vous pouvez pleurer la perte de votre bébé et solliciter du soutien auprès de vos proches plus ouvertement, alors que votre compagnon exprimera peut-être moins ses émotions. Souvent, les hommes se plongent dans d'autres tâches pour oublier leur douleur, ce qui ne signifie pas qu'ils sont indifférents. En acceptant ces différences et en communiquant vos émotions, vous ferez ce deuil ensemble et vous pourrez envisager une nouvelle grossesse.

Rituels de deuil Accepter que votre bébé a fait partie de votre vie peut vous apaiser. Avec votre conjoint, vous pouvez utiliser des rituels symboliques, comme organiser une petite cérémonie avec une bougie ou conserver une boîte spéciale en la mémoire de votre bébé, avec une photo d'échographie, vêtement ou d'autres objets, des écrits. Certaines femmes pensent que donner un nom à leur enfant perdu peut rendre la perte plus concrète et les aider ainsi à tourner la page.

VOTRE GROSSESSE

UNE GROSSESSE À UN ÂGE PLUS AVANCÉ EST SANS DOUTE UN MOMENT TRÈS **PARTICULIER** ET TRÈS **PRÉCIEUX** POUR VOUS. VOUS SEREZ ASSURÉMENT AUSSI EXCITÉE QU'UNE FEMME DE 20 ANS, MAIS **VOTRE EXPÉRIENCE** SERA QUELQUE PEU DIFFÉRENTE. EN COMPRENANT LES RÉACTIONS DE **VOTRE CORPS** ET EN **SACHANT LES INTERPRÉTER** POUR QUE LA GROSSESSE SE PASSE AUSSI **BIEN** QUE POSSIBLE ET **SANS STRESS**, VOUS FEREZ EN SORTE QUE CETTE EXPÉRIENCE SE DÉROULE **COMME VOUS LE SOUHAITEZ.**

1ER TRIMESTRE
À quoi s'attendre

C'est une période de grands changements, tant physiques qu'émotionnels : votre corps change pour accueillir votre bébé. Vous êtes peut-être épuisée et très émotive.

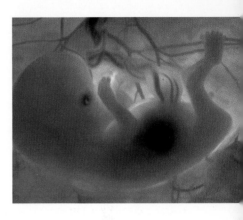

Ce fœtus de 9 semaines a déjà l'aspect d'un humain. Ses membres sont formés et ses tout petits doigts et orteils sont visibles. Des vaisseaux sanguins sont visibles dans le cordon ombilical.

CHANGEMENTS PHYSIQUES

Les toutes premières semaines de la grossesse se caractérisent avant tout par une fatigue persistante. Même si elle n'est pas caractéristique des grossesses après 35 ans, les femmes enceintes vers 20 ans puis vers 40 ans s'accordent à dire que la fatigue est plus intense avec l'âge.

Bien des femmes souffrent de crampes d'estomac ou de nausées quotidiennes. Les bouleversements hormonaux au cours de la grossesse peuvent aussi être à l'origine d'une certaine instabilité émotionnelle. Cette fatigue et cette irritabilité sont de nouvelles épreuves pour votre couple et pour votre carrière.

Pendant les premiers mois, quelques légers exercices physiques peuvent aider à rétablir votre équilibre émotionnel et à vous requinquer. Incluez dans votre régime alimentaire des repas qui couvrent vos besoins en protéines et vous permettent de calmer les nausées (voir p. 48–49).

C'est également le moment consulter le médecin ou la sage-femme qui s'occupera de vous durant les neuf mois à venir. En vous renseignant sur le déroulement du suivi prénatal, vous saurez mieux quelles questions leur poser.

On propose plus d'examens aux femmes de plus de 35 ans qu'aux femmes plus jeunes. Informez-vous sur les examens, les avantages et inconvénients du conseil génétique, le dépistage de la trisomie 21 (voir p. 56–57), le PVC, test de dépistage des anomalies de développement (voir p. 58–59) ; vous vivrez ainsi cette expérience de manière positive.

VOTRE BÉBÉ

Une connexion vitale s'établit entre vous et le bébé par l'intermédiaire du placenta. Tous ses principaux organes se forment durant cette période, notamment le cœur, la colonne vertébrale et les reins. Son cœur commence à battre et sa fréquence cardiaque est visible par échographie six semaines après vos dernières règles. Ses membres se forment et votre bébé commence à bouger, même s'il est encore trop tôt pour que vous le sentiez.

On propose **plus d'examens** aux femmes de plus de 35 ans **qu'aux femmes plus jeunes**.

Votre corps

Quelques jours après la conception, de profonds changements s'opèrent dans votre corps. Ils résultent de l'augmentation spectaculaire de vos taux d'hormones. La première semaine, vous risquez d'être incroyablement fatiguée. Au cours de la grossesse, vos seins deviennent plus sensibles et vous souffrez d'un des effets les plus pénibles du début de grossesse : les nausées.

CHANGEMENTS HORMONAUX

Peu après la conception, lorsque l'œuf fécondé s'implante dans la paroi utérine, le taux des deux hormones de grossesse commence à s'accroître : la progestérone (essentielle pour vous aider à rester enceinte) et l'hormone chorionique gonadotrope (hCG). La progestérone a beaucoup d'effets sur votre corps, notamment celui de relâcher les muscles lisses présents dans les organes internes tels que les intestins et l'utérus. Ce relâchement est essentiel pendant la grossesse. Il permet l'étirement de l'utérus sans lequel les contractions utérines peuvent provoquer un accouchement prématuré ou une fausse couche. La progestérone agit sur beaucoup d'autres muscles lisses de votre corps. L'un des premiers symptômes que vous pouvez percevoir est le relâchement des muscles lisses intestinaux qui provoque des ballonnements et des gaz. Cette hormone agit également énormément sur votre respiration qui s'accélère et devient plus profonde. Attendez-vous à être essoufflée après avoir monté des marches, même si vous êtes en bonne forme. Sous l'action de ces deux hormones, vos seins deviennent très sensibles et commencent à grossir.

Le premier trimestre marque également le début de profonds changements cardiaques : le cœur fournit plus d'efforts, et votre circulation sanguine commence à s'accroître considérablement. Votre utérus s'agrandit et peut faire pression sur la vessie : vous aurez alors probablement de fortes envies d'uriner, plus souvent que d'habitude.

Surmontez l'extrême fatigue de début de grossesse en faisant autant que possible des siestes régulières.

Soigner les nausées

Différentes méthodes permettent de soigner les nausées. Essayez-en plusieurs et adoptez celle qui vous convient le mieux.

■ **Changement d'habitudes alimentaires** Des repas frugaux riches en protéines peuvent réduire les nausées. Essayez différents aliments afin de trouver ceux que votre organisme tolère le mieux. Évitez les aliments épicés, par exemple. Il est important de manger entre les nausées pour ne pas perdre du poids durant le premier trimestre. N'oubliez pas également de boire beaucoup. Ne vous préoccupez pas de diététique les premières semaines : tant que vous ne perdez pas de poids, vos apport nutritionnels

sont suffisants pour votre grossesse. Si vous perdez du poids, mangez tout ce que vous ne régurgitez pas, et contactez votre praticien si votre perte de poids continue.

■ **Traitements** Plusieurs traitements permettent de réduire les nausées. Il est essentiel de les traiter rapidement plutôt que d'essayer d'y faire face seule. Plus vous différez la prise du traitement, plus les vomissements peuvent s'aggraver. La pyridoxine (vitamine B_6) peut vous aider. Les médicaments contre le mal des transports qui contiennent de la prométhazine sont sûrs et efficaces. L'absorption de gélules de gingembre (250 mg) quatre fois par jour peut réduire vos

symptômes. Si aucun de ces remèdes n'est efficace, demandez à votre praticien de vous prescrire un traitement adéquat.

■ **Acupression** Vendus en pharmacie sans ordonnance, les bracelets d'acupression sont commercialisés sous différents noms. Fixés au poignet, ils stimulent par pression le point d'acupuncture P6.

Même si cela est désagréable, ne soyez pas tentée de boire moins. Allez plutôt régulièrement aux toilettes et portez des vêtements simples à enlever.

FATIGUE EXTRÊME

La plupart des femmes se sentent épuisées au cours des premiers mois. Même si cela est absolument normal, vous pouvez vous sentir frustrée : même après une bonne nuit de sommeil, il se peut que vous ayez envie de faire une sieste à dix heures du matin. Le travail au bureau ou la gestion du foyer peuvent alors devenir particulièrement pénibles.

Dans un monde idéal, vous pourriez céder à vos envies et faire des siestes fréquentes. Mais pour la plupart d'entre nous, cela est impossible. Essayez de diminuer vos activités autant que possible. Ne culpabilisez pas si vous vous couchez très tôt ou si vous ne voulez pas sortir car vous n'êtes pas en forme. Laissez votre compagnon cuisiner, et prenez soin de vous dès que vous le pouvez.

NAUSÉES

Même si chaque grossesse est unique, rares sont les grossesses sans nausées. Environ 50 % des femmes ont des nausées et des vomissements, 25 % uniquement des nausées, et 25 % n'ont pas de désagréments de ce type. Deux tiers des femmes souffrant de vives nausées pendant une grossesse ont les mêmes symptômes lors des grossesses suivantes. La prise de vitamines avant la conception peut réduire les risques de nausées.

Si vos nausées sont au point où vous ne pouvez pas retenir les vomissements, contactez votre praticien. Les futures mères de jumeaux ou de triplés ont un taux d'hormones plus élevé : elles risquent davantage de souffrir de nausées.

Même si le bout du tunnel semble très loin au tout début de la grossesse, sachez qu'en général, les nausées s'atténuent à partir de la 12ᵉ semaine. Seul un faible pourcentage de femmes continue à en avoir jusqu'à l'accouchement. L'aspect positif est que les nausées sont le témoin que la grossesse se passe bien.

Vos émotions

Alors que votre corps opère de grands bouleversements pour s'adapter
à la croissance du bébé, vous êtes éventuellement en proie à des émotions
surprenantes qui vous démoralisent. Durant ce trimestre, ces changements
physiques et émotionnels vous rendent probablement irritable ou déprimée,
et vous pouvez avoir du mal à vous détendre.

Le début de la grossesse se caractérise par des changements du type et du taux d'hormones circulant
dans votre organisme. Chez certaines femmes, ces
mutations n'ont pas d'effets visibles, alors que chez
d'autres, elles déclenchent des hauts et des bas
imprévisibles et sans raison apparente. Rassurez-
vous : vous ne perdez pas la tête ; vous vivez une
phase d'adaptation, parfois déconcertante, mais
normale pour une grossesse.

GÉRER LES TRANSFORMATIONS PHYSIQUES

Les deux aspects du début de grossesse (fatigue et
nausées) sont souvent difficiles à surmonter. Ils ont
un impact direct sur votre vie, notamment sur votre
travail ou sur la gestion du foyer que vous n'assurez
plus aussi bien qu'avant. Ces désagréments peuvent
accentuer vos sautes d'humeur et vous empêcher de
profiter des instants passés avec votre compagnon et
vos amis. Bien des femmes s'aperçoivent finalement
qu'il est préférable d'abandonner toute velléité de
contrôle. Accordez-vous autant de moments de repos
que possible et admettez le fait que votre corps subit
d'incroyables transformations : vous allez accueillir
un autre être humain. Calmez-vous en vous disant
que l'instabilité émotionnelle, le manque de vitalité
et les nausées devraient commencer à s'estomper
après la 12ᵉ semaine de grossesse. Souvenez-vous
que cette phase est temporaire, vous vous sentirez
moins coupable à l'idée de vous reposer. Dans quelques mois, vous devriez revenir à votre rythme normal.

GROSSESSES NON PLANIFIÉES

Un tiers des grossesses des femmes de plus de 35 ans
n'est pas planifié. Ce pourcentage s'élève à 1 grossesse
sur 2 pour les femmes de plus de 40 ans. Une grossesse
surprise peut être une très bonne nouvelle ou constituer une grande difficulté si vous avez plus de 35 ans.
Une grossesse tardive vous expose à des risques de
santé que vous n'aviez pas prévus. Elle implique
certainement des changements inopportuns dans
votre carrière et dans votre vie privée, ce qui peut
vous irriter, vous désespérer et vous déprimer.
Puisque vous lisez ce livre, vous avez certainement
décidé de garder votre bébé. Être mère, ce n'est pas
renoncer à l'accomplissement de soi. Prenez toutefois
le temps de penser aux choses auxquelles vous devrez
renoncer, mais rappelez-vous que vous aurez toujours
des alternatives.

Maman solo

Avec son lot de changements physiques et d'émotions
imprévisibles, ce trimestre peut être particulièrement difficile
si vous n'êtes pas en couple. Vous avez peut-être l'impression que la grossesse vous a heurtée de plein fouet, et sans
le soutien d'un proche, vous commencez probablement à
douter de votre capacité à prendre soin de votre bébé et de
vous-même. Rappelez-vous que ces trois mois sont souvent
les plus difficiles. Pour l'instant, essayez de réorganiser vos
activités au travail pour trouver le temps de vous reposer (si
vous n'essayez pas de cacher votre grossesse). Trouvez du
soutien auprès d'au moins une personne qui pourra vous
aider en cas de baisse de forme, et veillez à vous détendre.

RELAXATION

La relaxation peut aider à réduire le stress durant la grossesse, à garder le moral et à gérer la douleur lors de l'accouchement. Planifiez des instants de relaxation dans la journée : pauses déjeuner dans un parc ou dix minutes de sieste en rentrant à la maison. Elles vous aideront à maintenir une bonne vitalité et à soulager vos nausées.

Techniques de respiration Une respiration profonde a des vertus relaxantes et apaisantes. Dès que vous vous sentez stressée ou fatiguée, faites l'exercice de respiration suivant : cessez vos activités pendant trois minutes, et asseyez-vous confortablement en mettant vos mains sur votre abdomen. Inspirez par le nez en comptant jusqu'à quatre, sentez votre abdomen et vos poumons se remplir d'air et votre diaphragme pousser sur l'abdomen. Retenez votre souffle un instant, puis expirez par la bouche en comptant de nouveau jusqu'à quatre. Progressivement, essayez de faire durer les expirations deux temps de plus que les inspirations, afin de vider complètement vos poumons avant l'inspiration suivante.

Images mentales de sérénité Il y a certainement un endroit que vous affectionnez tout particulièrement : un coin de montagne, une plage ou la maison de votre enfance. Imaginez-vous que vous le visitez mentalement et que vous vous y reposez. Ces images stimulent la sécrétion de sérotonine dans le cerveau et vous permettent de vous

Les tisanes offrent une bonne alternative à la caféine et peuvent être très relaxantes.

sentir plus détendue et positive. Planifiez des sessions de cinq à quinze minutes, incluant une minute ou deux de « retour à la réalité » avant de passer à autre chose.

Asseyez-vous ou allongez-vous par terre, fermez les yeux et respirez profondément. Pensez à cet endroit et imaginez que vous y êtes. Si vous êtes en montagne, humez les fleurs, écoutez les oiseaux et sentez la mousse fraîche sous vos pieds. À la fin de la session, ouvrez les yeux doucement, et prenez un moment pour profiter de ce sentiment de plénitude. Pour vous aider à faire ce voyage, brûlez de l'encens ou écoutez des CD reproduisant des sons de la nature.

Bien dormir la nuit Si vous manquez de vitalité, il est essentiel que vous dormiez beaucoup. Vous aurez probablement besoin de beaucoup plus d'heures de sommeil qu'auparavant. Prolongez vos nuits. Cela contribuera à votre bien-être.

Des exercices de respiration peuvent vous aider à vous détendre durant toute la grossesse.

Votre couple

Durant le premier trimestre de la grossesse, le manque d'énergie, les sautes d'humeur et les nausées matinales sont courants et peuvent modifier la dynamique de vos relations avec autrui. Vous voudrez que votre compagnon s'occupe plus de vous, mais comme il ne sait pas exactement ce que vous ressentez, vous devez lui expliquer vos besoins. Si vous avez d'autres enfants, veillez à leur expliquer ce qui se passe.

VOTRE PARTENAIRE

Avec tous les changements physiques et émotionnels que vous subissez, vous avez sans doute pleinement conscience de votre grossesse dans les trois premiers mois, alors que pour votre compagnon rien n'a vraiment changé.

Attitude de votre compagnon Comme il ne subit pas de transformation physique et que votre grossesse n'est pas encore visible à ce stade, votre compagnon a peut-être des difficultés à comprendre les bouleversements qui s'opèrent dans votre vie, et se comporte avec vous comme à son habitude. Bien des hommes

et donc passer moins de temps ensemble. Avec les changements hormonaux, vous pouvez être soudainement émotive, pleurer ou vous emporter sans raison. À bien des égards, vous êtes moins constante et avez moins d'humour qu'auparavant, ce qui peut le perturber, le contrarier ou le stresser.

Se comprendre En faisant face ensemble à cet événement important, vous vous rapprocherez encore. Comme votre compagnon a du mal à prédire vos réactions et à percevoir ce qui se passe en vous, aidez-le en exprimant vos sentiments et vos

pour aider votre compagnon **à comprendre vos envies,** expliquez-lui les changements qui s'opèrent en vous

paraissent agacés et inattentifs aux besoins de repos et d'attention de leur compagne enceinte. Si c'est le cas de votre compagnon, vous vous sentirez peut-être incomprise.

Pour vous soutenir, votre compagnon devra peut-être faire quelques efforts. Suivant les effets que la grossesse a sur vous, il se peut qu'il doive apprendre à vivre avec une tout autre personne ! Par exemple, à cause de vos nausées, vous devez prendre votre temps pour vous lever le matin alors que pour lui, c'est la course habituelle. Vous pouvez être trop fatiguée pour continuer les activités sportives que vous pratiquiez ensemble ; vous devez vous coucher plus tôt

besoins. Expliquez-lui que vous aspirez à plus de compassion et d'attention que d'habitude. Après tout, vous portez le plus gros de la charge parentale pour le moment. Beaucoup d'hommes ne peuvent pas deviner ce qui aiderait leur compagne à se sentir mieux, et les femmes indépendantes et autonomes ont du mal à admettre qu'elles ont épuisé leurs ressources propres. Cependant, en expliquant assez tôt à votre compagnon que vous devez vous reposer, et en vous préparant à l'idée de lui demander de l'aide pour les tâches domestiques quotidiennes, vous lui donnerez l'opportunité de vous soutenir durant ces mois de changements.

Baisse d'énergie La baisse de vitalité est un des symptômes prévisibles du début de grossesse. Vous devez revoir votre routine quotidienne. Plutôt que de vous disputer pour savoir qui doit gérer les tâches domestiques, prenez le temps avec votre compagnon d'examiner ensemble vos priorités. Répertoriez ainsi les tâches qui vous semblent les plus importantes et celles qui peuvent être remises à plus tard. Il est parfois plus facile d'arriver à un compromis en laissant de côté une corvée pendant un certain temps ou en alternant les tâches.

Grossesse surprise Il est particulièrement important de rester soudés si aucun de vous deux n'avait planifié la grossesse. Il est plus facile de gérer les moments difficiles ensemble, et cela peut même renforcer votre couple. La plupart des couples, passé le choc de la nouvelle, pensent qu'ils pourront s'adapter à la venue d'un nouvel enfant et ont finalement hâte d'être parents.

Rapports sexuels durant le premier trimestre
Bon nombre de couples se demandent si des rapports sexuels pendant la grossesse peuvent provoquer une fausse couche. Les hommes ont souvent peur de blesser le bébé pendant l'acte. Ces craintes sont injustifiées pour une grossesse normale. N'hésitez pas à poser des questions sur ce sujet à votre médecin ou à votre sage-femme : ils en ont l'habitude et vous donneront des réponses fiables.

Certaines femmes sentent une baisse de leur libido durant le premier trimestre. Il est évident que la fatigue, les douleurs aux seins

et les nausées n'aident pas à ressentir un désir brûlant pour son compagnon. Les câlins peuvent devenir un bon substitut temporaire à l'intimité partagée lors des rapports sexuels. Et les douces attentions peuvent même vous redonner envie de faire l'amour.

VOS AUTRES ENFANTS

Si vous avez déjà des enfants et que vous jonglez entre vos deux rôles de femme active et de mère, le premier trimestre peut être épuisant. Vos enfants remarqueront rapidement votre fatigue, vos nausées et votre impatience. Les plus jeunes peuvent s'inquiéter à l'idée que leur maman n'aille pas bien, surtout sans raison apparente. Il est alors bon de les rassurer en leur expliquant que vous êtes très fatiguée, mais que bientôt vous serez complètement remise.

Rappelez-vous que votre compagnon peut être une grande source de réconfort pour vos enfants si vous ne pouvez plus passer autant de temps avec eux, ou jouer avec eux en gardant le même enthousiasme qu'auparavant.

Les adolescents peuvent constituer un défi particulier, surtout dans votre état de fluctuation hormonale. Le mieux est de les informer dès le début de votre grossesse. Ils peuvent prendre une pose de dégoût ou d'indifférence, mais une fois qu'ils se seront faits à l'idée du nouveau venu, cela peut les amuser de s'impliquer.

Papa peut prendre le relais
si maman ne se sent pas en assez bonne forme pour jouer aujourd'hui.

Votre carrière

Pour beaucoup de femmes, le premier trimestre au travail est l'un des moments les plus difficiles à passer : elles doivent lutter contre la fatigue et les nausées, et essaient peut-être de le dissimuler aux supérieurs et collègues. Plusieurs mesures pratiques peuvent vous aider à surmonter cette période.

EN BONNE SANTÉ ET DÉTENDUE AU TRAVAIL

L'excitation liée au fait d'être enceinte peut dissiper les crises de fatigue et les nausées matinales qui accompagnent le début de grossesse de beaucoup de femmes. C'est particulièrement vrai si vous essayez de garder la même contenance au travail, surtout si personne n'a connaissance de votre état. Plusieurs mesures peuvent vous permettre de vous sentir aussi à l'aise que possible (et donc efficace) et de prendre soin du bébé.

Nausées matinales Pour beaucoup de femmes, les nausées peuvent durer toute la journée. Votre alimentation (voir p. 48–49) et quelques traitements

sabilités quotidiennes et à être efficace, votre grossesse sera probablement mieux acceptée. En conservant une attitude professionnelle durant cette période exceptionnelle de votre vie, vos supérieurs et collègues comprendront que votre carrière compte également pour vous. Donnez une bonne impression dès le début, vous influencerez l'attitude de votre entourage professionnel après la grossesse : vous renforcerez leur confiance en votre efficacité, et vos chances de réussite professionnelle à plus long terme.

À l'approche de la fin de la grossesse, au moment où vous devrez ralentir vos activités, vos collègues et supérieurs seront vraisemblablement plus compré-

tout en impliquant certaines **contraintes**, la grossesse ne vous empêche pas d'être **professionnelle et fiable**

(voir p. 38–39) peuvent vous aider à les calmer. Si vous éprouvez plus de difficultés le matin, négociez des horaires de travail décalés d'une heure pour éviter les heures de pointe. Pour vous soulager, grignotez toute la journée des en-cas riches en protéines (noisettes, mélanges de fruits secs, fromage ou brique de lait). Restez vigilante, et évitez autant que possible les odeurs susceptibles de provoquer les nausées.

Manque d'énergie Bon nombre de futures mamans trouvent que le manque d'énergie de début de grossesse est accablant. Faites donc votre possible pour garder votre vitalité. Si vous parvenez à remplir les tâches, les respon-

hensifs s'ils sentent que vous avez fait tout votre possible pour continuer à être efficace durant les mois qui viennent de s'écouler.

Trouvez l'équilibre entre un bon rendement de travail et les besoins de votre organisme. Si vous êtes épuisée, levez le pied. Rappelez-vous que vous vous sentirez certainement mieux et plus dynamique le trimestre suivant, et que vous pourrez rattraper le retard. Ménagez-vous autant que possible pour que votre corps puisse supporter les efforts liés à la croissance du bébé.

Tout au long de la journée, prenez de petits en-cas sains pour maintenir votre vitalité. Faites également de petites pauses pour vous détendre physiquement et moralement en prenant deux ou trois grandes bouffées d'air. Prenez l'intégralité de votre pause déjeuner, et profitez-en pour bien vous reposer.

Essayez de rentrer chez vous à l'heure pour avoir le temps de vous détendre et de profiter de votre vie de couple. Allez vous coucher suffisamment tôt pour faire une bonne nuit de sommeil afin de garder la forme.

Le stress au travail est parfois inévitable ; il est synonyme de fatigue et de baisse d'énergie. Faites votre maximum pour réduire ce stress : exercices physiques réguliers, bonne alimentation, séances de massage et de réflexologie, etc.

RAPPORTS DE HIÉRARCHIE

Si vous avez annoncé votre grossesse au travail, vous allez peut-être réaliser à quel point votre supérieur, vos collègues ou la politique parentale de votre société sont conciliants ou, au contraire, inflexibles et peu compréhensifs envers vos besoins de nouveaux parents. Vous envisagerez votre travail sous un angle complètement différent et aurez un aperçu de la façon dont vous devrez intégrer vos objectifs de parent dans l'environnement professionnel. La manière dont votre entreprise répond à vos besoins au début de la grossesse donne généralement une bonne indication de ce qui se passera dans le futur, quand vous serez mère.

Choisir le moment opportun Vous êtes tenue de signaler votre grossesse à votre employeur six semaines avant la date présumée de l'accouchement (début du congé maternité). Beaucoup de femmes attendent la fin du premier trimestre pour annoncer la nouvelle à leur supérieur. À ce stade, les risques de fausse couche sont faibles, et vous avez peut-être déjà passé le dépistage d'anomalies chromosomiques du premier trimestre (voir p. 54) et/ou le PVC (voir p. 58) indiquant une grossesse normale. Si vous êtes éreintée, que vous souffrez de nausées, ou que votre travail est très stressant, annoncez plus tôt la nouvelle à votre supérieur afin de négocier des ajustements dans votre emploi du temps : vous vous sentirez mieux et vous serez plus productive. Le moment de l'annonce peut aussi

dépendre de la manière dont votre supérieur a réagi aux autres grossesses dans l'entreprise. Si vous vous attendez à une réaction défavorable, attendez d'avoir démontré votre efficacité en tant qu'employée enceinte en l'annonçant, par exemple, après le succès d'un projet.

Étudier les besoins de votre supérieur et de vos collègues Informez-vous sur vos droits et vos possibilités en matière de congé de maternité (voir p. 14–15). Proposez à votre supérieur un plan de transition pour le congé de maternité (avant, pendant et après) : il appréciera de voir que vous avez pensé à vos propres besoins, mais aussi à ceux de vos collègues et de votre entreprise. Ainsi, vous vous positionnerez peut-être favorablement pour négocier des horaires de travail souples au cours de la grossesse. Vous serez probablement remplacée par des collègues qui se demanderont si vous reviendrez dans la société. Assurez-les que vous êtes consciente de leurs inquiétudes et que vous souhaitez une transition en douceur.

Conseils aux futures mamans

Quelques mesures pratiques peuvent faire une différence notable sur la manière dont vous vous sentez au travail et donc sur votre efficacité. Voici quelques conseils :

- divisez votre heure de déjeuner en pauses plus fréquentes et plus courtes : quinze à vingt minutes ;
- reposez-vous durant vos pauses. Fermez les yeux et faites un petit somme ;
- constituez un stock d'en-cas au travail. Le grignotage fréquent aide à combattre les nausées du premier trimestre ;
- gardez un verre d'eau à portée de main et buvez toute la journée. Essayez de le vider au moins quatre fois sur une journée de huit heures, et allez aux toilettes fréquemment ;
- essayez de marcher le plus possible pour augmenter votre circulation sanguine, réduire les enflures et prévenir les caillots de sang dans les jambes, qui sont courants durant la grossesse ;
- si vous êtes souvent debout, essayez de trouver le temps, toutes les heures, de vous asseoir les pieds surélevés.

Activités physiques

Durant les premiers mois de la grossesse, il est important d'être attentive aux signaux de votre corps et de ralentir vos activités. Même si cela est peu visible, votre organisme subit d'énormes changements. Trop d'exercice peut réduire dangereusement vos ressources physiques et morales.

Au cours de la grossesse, une demi-heure d'exercices quotidiens présente de nombreux avantages : réduction du stress, meilleur sommeil et équilibre hormonal (et donc, émotionnel), vitalité accrue, bonne forme physique et diminution des désagréments de la grossesse. Les femmes qui font du sport ont une meilleure posture : elles souffrent donc moins ou pas du tout du dos. Elles ont également tendance à moins souffrir de ballonnements et d'enflures et à prendre moins de poids que les femmes inactives.

Si vous voulez vous y mettre, commencez en douceur avec la marche, le yoga ou des cours pour femmes enceintes. Le plaisir et les progrès sont très motivants pour continuer, et la régularité est la clé d'un programme bénéfique. Avant de commencer, contactez votre praticien pour qu'il approuve votre programme.

INTENSITÉ ET DURÉE

Veillez à ce que vos séances de sport vous dynamisent bien. Si, à l'issue d'une séance, vous vous sentez fatiguée et découragée, diminuez l'intensité et la fréquence des exercices. Adaptez à votre état les sports que vous pratiquez déjà.

Trouver la bonne intensité

Vous devez pouvoir parler sans être à bout de souffle (surtout si vous n'étiez pas en forme), ce qui sera plus difficile avec les exercices cardiovasculaires. Si vous avez un moniteur cardiaque, conservez votre rythme cardiaque cible (voir page suivante).

Des exercices doux, tels que des étirements de yoga sont idéaux pour la grossesse.

Durée Limitez les exercices cardio-vasculaires à une demi-heure, phases d'échauffement et de récupération comprises. Les autres exercices, tels que la musculation, peuvent durer une heure s'ils sont pratiqués en douceur. N'oubliez pas de boire des jus de fruit pour maintenir votre taux de glycémie, si nécessaire.

RYTHME CARDIAQUE CIBLE

Pour faire du sport efficacement et en toute sécurité, calculez votre rythme cardiaque cible (RCC), puis sur cette base, votre rythme cardiaque cible de grossesse. Pour le RCC, soustrayez votre âge à 220. Durant la grossesse, un objectif de 60 à 80 % de la valeur du RCC est acceptable. Pour les femmes qui ne sont pas en forme, 50 à 60 % du RCC est une bonne limite. Pour celles en forme,

il peut être de 70 à 80 %. Par exemple, si vous avez 35 ans et que vous étiez en bonne forme avant la grossesse, vous pouvez atteindre 130 à 148 battements par minute. Si vous n'étiez pas en forme, fixez une limite de 93 à 111 battements par minute.

EN TOUTE SÉCURITÉ

Évitez l'hyperthermie dans la mesure où elle peut nuire au développement du système nerveux central de votre bébé au cours de ce trimestre. Portez des vêtements amples et un soutien-gorge de sport. Buvez de l'eau au moins trente minutes avant et après vos exercices physiques. Ne faites pas d'exercices intenses si vous avez de la fièvre, ou si l'atmosphère est chaude et humide. Ne vous épuisez pas. Tenez compte des signaux d'alerte de votre corps. À tout moment de la

grossesse, arrêtez tout et appelez l'hôpital dans les cas suivants :

■ contractions désagréables ou fréquentes bien avant la date d'accouchement prévue ;

■ saignements vaginaux ou fuites du liquide amniotique ;

■ maux de tête persistants ;

■ battements de cœur saccadés ou très rapides ;

■ vertiges ;

■ réduction ou arrêt des mouvements du bébé ;

■ augmentation des essoufflements ;

■ extrême fatigue musculaire ;

■ douleur au mollet ou enflure.

Sports à éviter durant la grossesse : sports de contact, plongée, gymnastique, équitation, ski alpin ou ski nautique ainsi que tout sport impliquant des risques de choc ou de chute.

ACTIVITÉS PHYSIQUES POUR LE PREMIER TRIMESTRE

Exercice	Bienfaits et conseils	Fréquence et durée
Marche	Ajustez votre marche à votre état de forme et choisissez votre environnement en fonction de vos besoins. Demandez éventuellement à une amie ou à votre partenaire de vous accompagner.	L'idéal est de marcher vingt à trente minutes par jour.
Vélo	Si vous aimez le vélo, faites-en le plus possible pendant le premier trimestre. Il vous sera plus difficile d'en faire par la suite : votre ventre vous gênera et votre équilibre sera moins sûr. Pensez à porter un casque.	Deux à trois fois par semaine pendant vingt à trente minutes.
Aérobic LIA (sans sauts)	La compagnie de quelqu'un vous motivera. Vous serez dans un espace confortable et à température idéale tout au long de l'année. Fixez l'intensité de vos exercices en ajustant la hauteur de vos pas.	Deux à trois fois par semaine pendant quarante-cinq minutes maximum.
Yoga	Les mouvements lents du yoga peuvent vous aider à respirer profondément et à vous détendre. Le contrôle précis du moindre mouvement renforcera vos muscles et améliorera votre souplesse.	Quotidiennement pour des exercices légers ; sinon trois fois par semaine.

Alimentation

Durant ce trimestre, vous commencez à « manger pour deux ». Cela ne signifie pas manger autant que deux personnes, mais plutôt un peu plus qu'avant votre grossesse. Veillez à avoir une alimentation riche en protéines, vitamines et minéraux pour fournir à votre bébé les éléments nécessaires à son développement.

NUTRIMENTS ESSENTIELS

Dans une certaine mesure, votre alimentation a une incidence sur le développement de votre bébé durant la grossesse. Si elle est équilibrée, elle couvrira tous ses besoins en nutriments.

Protéines Tout au long de la grossesse, les femmes doivent avoir un apport quotidien en protéines d'au moins 60 g. Il doit être supérieur de 4 à 5 g pour les femmes de plus de 35 ans. Les protéines sont essentielles à l'utérus, au placenta, aux seins et aux tissus en développement de votre bébé. Incluez donc des aliments riches en protéines dans votre alimentation.

Fer Durant la grossesse, vos besoins en fer doublent pour passer à 30 mg. Le fer est nécessaire à la formation des globules rouges et permet de garder la forme. En début de grossesse, beaucoup de femmes ont un niveau de fer insuffisant. Essayez d'avoir une bonne réserve de fer dès le début. Si vous êtes anémiée

La salade de poulet est un plat léger et délicieux qui vous apporte des nutriments variés et beaucoup de protéines.

(niveaux de fer bas), vous risquez de vous épuiser durant la grossesse et d'être trop faible pour supporter l'accouchement. Mangez des aliments riches en fer pour garder votre vitalité tout au long de ce trimestre éprouvant. Les médecins conseillent de prendre des compléments en fer en plus des compléments prénatals si vos besoins ne sont pas satisfaits par votre alimentation.

Compléments en vitamines et en minéraux Même si vos besoins en vitamines augmentent avec la grossesse, des doses excessives de compléments peuvent être dangereuses. Une surdose de vitamines A et D liposolubles, par exemple, peut

nuire à la santé de votre bébé. Les préparations spécialement conçues pour la grossesse contiennent des doses réduites de ces vitamines. Ne prenez pas de compléments non destinés aux grossesses. Demandez conseil à votre praticien.

ALIMENTS À ÉVITER

Les femmes enceintes doivent éviter certains aliments en raison des risques de maladies d'origine alimentaire, telles que la toxoplasmose, l'E. coli et la listériose qui peuvent nuire à la santé du bébé.

La toxoplasmose est due à un parasite. Elle est inoffensive pour vous, mais peut nuire au bébé si vous la contractez durant la grossesse ou la

phase de conception : elle provoque des anomalies congénitales.

La listériose est due à une bactérie qui peut passer dans votre placenta, infecter votre bébé, puis entraîner une fausse couche, un accouchement prématuré ou une mort fœtale. Les femmes enceintes ont plus de chances de développer la listériose que les autres : évitez donc les aliments pouvant être contaminés.

Il y a peu de risques que la salmonellose provoque des lésions chez votre bébé. Toutefois, elle aura pour effet de diminuer sérieusement vos ressources à un moment où votre corps est extrêmement sollicité.

Viandes et poissons crus ou viandes saignantes Ces aliments vous exposent à des bactéries d'origine alimentaire, comme l'E. coli et la salmonelle. Évitez les fruits de mer crus ainsi que les viandes ou les volailles crues ou saignantes.

Plats préparés Ils peuvent être contaminés par la listeria. Veillez à bien les réchauffer. Évitez les saucisses et le pâté, qui peuvent contenir de la listeria.

Foie et autres abats Le foie renferme des quantités importantes de vitamine A. Et de fait, il existe un lien entre la présence de cette vitamine en grandes quantités dans l'organisme et certaines anomalies congénitales. Les abats renferment souvent les taux de toxines les plus élevés dans le corps d'un animal. Évitez donc ce type d'aliments durant votre grossesse.

Lait non pasteurisé Ne buvez que du lait pasteurisé. Le lait non pasteurisé peut être contaminé par la listeria.

Fromages à pâte molle Ces fromages peuvent être contaminés par la listeria. Limitez-vous aux fromages à base de lait pasteurisé et évitez les fromages à pâte molle, tels que le camembert, le brie et le gorgonzola.

Œufs crus Manger des œufs crus ou peu cuits peut vous exposer à la salmonelle. Évitez les plats tels que la mayonnaise et la sauce hollandaise.

Poissons exposés aux polluants Des niveaux élevés de mercure, dangereux pour le développement du cerveau de votre bébé, ont été détectés dans certains poissons. Évitez de manger du marlin, du requin et de l'espadon. Réduisez également votre consommation de thon au minimum (voir p. 21).

ALIMENTATION ET NAUSÉES MATINALES

Les nausées dont beaucoup de femmes souffrent durant ce trimestre ont des répercussions sur leur appétit. Certaines femmes sont indisposées toute la journée. Les conseils suivants vous aideront à soigner ces nausées et à absorber les nutriments indispensables :
- mangez des aliments allégés riches en hydrates de carbone, tels que les biscuits salés, les céréales ou des toasts ;
- mangez de petites quantités d'aliments riches en protéines ;
- mangez de petits repas agrémentés d'en-cas fréquents et nutritifs ;
- buvez beaucoup d'eau.

Sources de protéines

Les aliments suivants sont riches en protéines et sont conseillés durant la grossesse :
- viandes : bœuf maigre, agneau, porc et poulet ;
- poissons et fruits de mer (sauf les poissons pouvant être contaminés par le mercure, voir p. 21) ;
- produits laitiers : lait, yaourts, fromage et œufs, etc. ;
- haricots et légumineuses : lentilles, haricots rouges et blancs, pois chiches, etc. ;
- graines et noix ;
- tofu et produits à base de soja ;
- céréales comme le muesli et le riz complet.

Sources de fer

Le fer est important pour la formation des globules rouges. Vos besoins sont deux fois plus importants pendant la grossesse. Les aliments riches en fer sont les suivants :
- viandes rouges, surtout le bœuf ;
- volaille, gibier ;
- œufs ;
- fruits secs : abricots, pruneaux, figues, etc. ;
- légumes verts : brocolis, choux verts, feuilles de navet, épinards ;
- céréales enrichies ;
- graines et noix : noix de cajou, graines de tournesol, etc. ;
- légumineuses : lentilles, pois chiches, haricots rouges, etc.

Suivi prénatal

Au premier trimestre, la première chose à faire est de choisir la personne qui s'occupera de vous durant la grossesse et lors de l'accouchement. Cette décision est importante et dépend du mode d'accouchement que vous souhaitez. Plusieurs options s'offrent à vous.

CHOISIR LA PERSONNE CHARGÉE DE VOTRE SUIVI PRÉNATAL

Le moyen le plus courant pour choisir son praticien est de se faire conseiller par des amies vivant à proximité de votre lieu de résidence et qui ont eu des enfants récemment. Vous pouvez également faire votre choix en fonction du lieu de l'accouchement : un hôpital, une clinique ou chez vous. La plupart des femmes sont envoyées à leur hôpital local par leur médecin traitant et sont prises en charge par un médecin, une sage-femme et un obstétricien. Les femmes qui ne font pas partie de groupes à risque ne sont pas obligées de voir un obstétricien et peuvent être suivies à la maison ou à l'hôpital par un médecin ou une sage-femme.

Médecins Les médecins considèrent l'accouchement comme un acte simple pour la plupart des femmes, mais sont plus sensibles que les sages-femmes aux problèmes médicaux potentiels, ce qui présente des avantages et des inconvénients pour les femmes de plus de 35 ans. Si vous préférez être suivie par un obstétricien, vous pouvez faire ce choix, mais vous devrez probablement être suivie par des sages-femmes également.

Sages-femmes Les sages-femmes voient la grossesse et l'accouchement comme des événements de la vie courante. En général, elles ne s'occupent que des grossesses sans risque et ne vous considéreront pas comme accouchante à haut risque juste parce que vous avez 35 ans. Toutefois, en cas de grossesse multiple, de problème médical sérieux ou de césarienne antérieure, ne choisissez pas ce type de suivi. Beaucoup de sages-femmes travaillent en groupe pour assurer une continuité du suivi. Elles peuvent être salariées ou collaborer avec les services hospitaliers.

Les sages-femmes libérales fournissent un service privé aux femmes enceintes et peuvent travailler en groupe ou seule. Ce service est coûteux mais très personnalisé, et s'adapte à l'emploi du temps de la femme enceinte. Les échographies sont généralement organisées avec un obstétricien privé et la sage-femme libérale est présente lors de la phase de travail et lors de l'accouchement. L'accouchement peut avoir lieu dans un hôpital local, dans une clinique ou au domicile de la future mère.

Les sages-femmes libérales ont tendance à préconiser un accouchement sans douleur. Si une femme à la recherche de soins privés a besoin d'une surveillance médicale de sa grossesse, elle peut choisir un obstétricien privé et accoucher dans une clinique.

Suivi mixte Il s'agit d'un mode de suivi partagé entre l'hôpital et les médecins traitants, qui a été largement supplanté par le suivi par les sages-femmes/médecins.

CHOIX DU LIEU DE L'ACCOUCHEMENT

En général, le praticien qui vous prend en charge dépend du lieu de votre accouchement. La plupart des médecins s'occupent des futures mamans dans une structure hospitalière. Les sages-femmes opèrent principalement dans une structure hospitalière.

Accouchement à l'hôpital

L'option d'accoucher à l'hôpital présente trois avantages. Premièrement, si vous faites partie des 30 à 40 % des femmes de plus de 35 ans qui ont besoin d'un accouchement par césarienne, vous n'aurez pas à être transférée. Ensuite, vous disposerez de plus d'options de traitement de la douleur. Bon nombre de femmes attendant leur premier enfant souhaitent éviter la péridurale, mais vous ne saurez peut-être pas de quel type d'analgésique vous avez besoin avant d'être effectivement en phase de travail. Si vous êtes déterminée à éviter la péridurale (voir p. 128–129), les sages-femmes encadrant l'accouchement à domicile sont particulièrement formées pour le contrôle de la douleur sans médicament. Dernier avantage, l'hôpital peut être plus sûr en cas de problème médical sérieux, comme un diabète ou une hypertension artérielle, qui peuvent nuire à votre santé ou à celle de

votre bébé. Il est aussi plus sûr d'accoucher à l'hôpital si vous avez eu une césarienne dans le passé en raison du petit risque de rupture de l'utérus. Vous pouvez choisir l'hôpital dans lequel vous accoucherez.

Accouchement dans une clinique privée Dans la mesure du possible, le médecin qui a suivi votre grossesse sera là lors de votre accouchement. Il sera tenu au courant de son déroulement par la sage-femme de garde, et viendra au moment de la sortie du bébé. Actuellement, en France, très peu de cliniques ouvrent leurs portes aux sages-femmes libérales.

Accouchement à domicile C'est une option pour les femmes qui préfèrent éviter l'utilisation d'analgésiques et qui souhaitent un niveau d'intervention minimum. La sage-femme règle d'avance avec vous les questions de ges-

tion de l'urgence et de transfert éventuel à l'hôpital.

PROFITER PLEINEMENT DU SUIVI PRÉNATAL

Il est important que vous vous sentiez à l'aise avec votre choix de suivi prénatal. Votre sage-femme pourra répondre à vos questions ou vous envoyer chez un obstétricien pour plus de détails. Tous les hôpitaux pourront vous communiquer leur taux d'accouchement par césarienne ou d'épisiotomie, mais ces chiffres dépendent de la population de patientes et du niveau de suivi des nouveau-nés (un hôpital prenant en charge le suivi des bébés à partir de la 24e semaine aura probablement un taux de césariennes plus élevé qu'un hôpital qui ne les prend en charge qu'à partir de la 32e semaine).

Trouvez un médecin ou une sage-femme qui vous mette à l'aise et partage vos points de vue sur la grossesse et l'accouchement.

Le premier rendez–vous

Votre première visite chez le praticien est importante. Ce dernier vous questionnera sur vos antécédents médicaux afin d'identifier tout problème de santé sous-jacent. Il vous questionnera également sur d'éventuels problèmes de santé dans votre famille ou dans celle de votre compagnon.

À moins que n'ayez déjà des problèmes médicaux, votre praticien vous traitera comme toute autre femme enceinte en planifiant votre première visite à la 8e semaine environ. Le choix de cette date tardive s'explique par le fait que les fausses couches précoces sont très courantes et ne peuvent généralement pas être évitées par un traitement médical. Les praticiens préfèrent que vous ayez passé cette phase dangereuse avant de vous prescrire tous les dépistages sanguins nécessaires.

PRÉPARER
VOTRE RENDEZ-VOUS

Si votre partenaire ne vous accompagne pas, il est important de prendre le temps de l'interroger sur la santé de sa famille. Tout problème médical familial peut être transmis au bébé, et un dépistage peut être envisagé.

Si vous avez des problèmes de santé, tels que de l'hypertension ou du diabète, amenez votre carnet de santé. Votre praticien pourra alors répondre immédiatement à vos questions, sans avoir à attendre une copie des documents. Il peut vous poser quelques questions embarrassantes : usage éventuel

Un échantillon d'urine *permet d'obtenir des informations sur toute infection ou tout diabète non diagnostiqués.*

de drogues, maladies sexuellement transmissibles et IVG passées. Il est crucial de dire la vérité. Si votre compagnon n'est pas au courant de certains points, arrangez-vous pour parler à votre praticien en son absence.

EXAMENS STANDARD

En plus du questionnaire, votre praticien vous soumet à un examen médical approfondi, vous mesure et vous pèse. Il discute également des choix possibles pour le dépistage d'anomalies du premier trimestre afin que vous puissiez prendre rendez-vous entre la 10e et la 14e semaine, si cela vous intéresse (voir p. 54 à 59). Il vous demande

un échantillon d'urine et de sang pour un dépistage de routine et contrôle également votre tension artérielle (voir page suivante). En fonction de l'avancée de la grossesse, vous pouvez également entendre le cœur du bébé.

EXAMENS
SUPPLÉMENTAIRES

Selon vos antécédents médicaux, vous devrez peut-être passer des examens supplémentaires. Votre praticien vous prescrira probablement une échographie pour déterminer le nombre exact de semaines de votre grossesse, la présence de jumeaux et l'éventualité d'une fausse couche « silencieuse » (décès du fœtus sans symptômes apparents). Elle peut être pratiquée entre la 8e et la 12e semaine.

Vous pouvez également être soumise à un dépistage du VIH (virus du SIDA) et de l'hépatite C. Ces dépistages sont fortement conseillés à toutes les femmes enceintes. Si vous avez contracté le VIH, le savoir vous permettra de diminuer significativement le risque de le transmettre à votre bébé en prenant des agents antirétroviraux.

EXAMENS DE ROUTINE

Analyses de sang

■ **Numération sanguine** Elle permet de dépister l'anémie, très courante lors de la grossesse. L'anémie peut être due à une carence en fer ou être d'origine héréditaire (thalassémie par exemple).

■ **Groupe sanguin** Cet examen permet de déterminer votre groupe sanguin (A, B, O, ou AB) et votre rhésus (positif [Rh+] ou négatif [Rh-]). S'il est négatif, on vous prescrira un traitement d'anti-D après tout acte médical tel que l'amniocentèse, ou en cas de saignements vaginaux. Vous en prendrez une dose supplémentaire entre la 28e et la 34e semaine.

■ **Analyse des anticorps** Elle permet savoir si des anticorps ont pu passer dans le placenta, ce qui peut entraîner une anémie du bébé.

■ **Hépatite B** Cet examen permet de déterminer si vous êtes atteinte de l'hépatite B active, maladie virale du foie qui peut être transmise au bébé lors de la grossesse ou de l'accouchement.

■ **Rubéole** Cet examen permet de déterminer si vous êtes immunisée contre la rubéole. Dans le cas contraire, le vaccin vous est injecté juste après l'accouchement. Vous ne pouvez pas vous faire vacciner durant la grossesse.

■ **Toxoplasmose** Cet examen permet de déterminer si vous êtes immunisée contre la toxoplasmose, très dangereuse pour le bébé, et de vous traiter si nécessaire.

■ **Syphilis** Maladie sexuellement transmissible qui n'a pas toujours de symptômes chez la mère, mais peut causer de sérieux problèmes chez le fœtus.

Test urinaire

Ce test permet de détecter la protéinurie, surcroît de protéines dans l'urine pouvant indiquer une maladie rénale, et les infections urinaires, traitées par antibiotiques pour prévenir une infection rénale grave susceptible d'entraîner des complications lors de la grossesse.

Tension artérielle

En général, la tension baisse en milieu de grossesse. Les femmes dont la tension est légèrement élevée, voire élevée en début de grossesse ont plus de risques d'avoir des problèmes de tension ultérieurement.

Poids

Cette valeur de référence permet à votre praticien de calculer le poids gagné au cours de la grossesse. Dans bien des hôpitaux, on ne pèse les femmes que lors de leur première visite.

Si vous n'êtes pas sûre d'avoir eu la varicelle, n'approchez pas ceux qui en sont atteints durant votre grossesse. Si vous n'êtes pas immunisée et que vous contractez cette maladie, un traitement permet d'éviter le développement d'une varicelle grave.

Si vous êtes d'origine méditerranéenne, hispanique, africaine ou afro-antillaise, vous serez soumise au dépistage de l'anémie falciforme (ou drépanocytose) ou de la thalassémie.

DATE DE L'ACCOUCHEMENT

Dernière chose importante, on calculera la date de votre accouchement. On parle également de date d'accouchement prévue (DAP).

Celle-ci se fonde sur la date de vos dernières règles, qui reste le moyen le plus sûr d'estimer votre date d'accouchement, même si vous pensez connaître la date de procréation. En revanche, si vous ne vous souvenez pas de la date de vos dernières règles ou que vos règles sont très irrégulières, ce sera la première échographie qui permettra de calculer la DAP. Ne faites pas de fixation sur cette date : elle n'est qu'une estimation. Généralement, la personne en charge de votre suivi prénatal, (médecin ou sage-femme) vous revoit quatre à six semaines plus tard pour passer en revue vos examens et discuter des résultats des dépistages du premier trimestre. Toutefois, elle vous contactera avant la deuxième visite en cas de problème.

Dépistage d'anomalies

Avec l'âge, le risque d'avoir un bébé avec des problèmes en raison d'anomalies chromosomiques (chromosomes supplémentaires ou manquants) s'accroît. Ces dernières années, les tests permettant de détecter ces risques se sont améliorés et sont devenus plus précis et plus répandus. Toutefois, la décision de subir ces tests vous appartient.

ANOMALIES CHROMOSOMIQUES
Les tests de dépistage de ce trimestre se concentrent sur la recherche d'anomalies chez votre bébé. L'anomalie la plus connue est la trisomie 21. Le risque d'apparition d'anomalies chromosomiques augmente avec l'âge et plus particulièrement à partir de la quarantaine. Le dépistage de défauts du tube neural n'est pas effectué avant le deuxième trimestre (voir p. 76–77).

Trisomie 21 Elle est due à la présence d'un chromosome 21 supplémentaire. Le degré de handicap varie, mais tous les bébés atteints de trisomie 21 ont des difficultés d'apprentissage. Les anomalies cardiaques et une mauvaise vue sont courantes.

Trisomie 18 Elle est due à la présence d'un chromosome 18 supplémentaire et touche 1 naissance viable sur 3 000. Beaucoup de fœtus atteints de trisomie 18 meurent avant l'accouchement. Les bébés saufs peuvent vivre des années avec un retard mental profond. Les fœtus présentent des anomalies importantes visibles sur échographie.

Trisomie 13 Elle touche environ 1 naissance viable sur 5 000 et est due à la présence d'un chromosome 13 supplémentaire. La plupart des fœtus atteints de trisomie 13 ont des anomalies détectables par échographie, notamment des anomalies cardiaques et cérébrales, ou un bec-de-lièvre. La plupart des bébés atteints de trisomie 13 meurent dans les trois mois suivant la naissance.

Syndrome de Turner Il est dû à l'absence partielle ou totale de l'un des chromosomes X du génome d'un fœtus féminin. Contrairement aux autres trisomies, ce syndrome n'est pas plus courant chez les mères plus âgées. Les malformations, notamment cardiaques ou rénales, sont courantes. La plupart des grossesses se soldent par une fausse couche, mais environ 1 fille sur 2 500 naît atteinte du syndrome. Elle est généralement de petite taille et ne peut pas avoir d'enfants.

Syndrome de Klinefelter Il est dû à la présence d'un chromosome X supplémentaire chez un fœtus masculin. Il touche 1 naissance viable sur 500 à 800. Les garçons atteints présentent des problèmes de développement, notamment un retard de langage réceptif, malgré une intelligence moyenne voire supérieure à la moyenne.

DÉCIDER UN DÉPISTAGE
Recourir à des dépistages d'anomalies est une décision personnelle.

RISQUES D'ANOMALIES CHROMOSOMIQUES

Âge de la mère à la DAP	30	35	38	42	44	46
Risque de trisomie 21 à la naissance	1/952	1/385	1/175	1/64	1/38	1/23
Risques d'anomalies quelconques à la naissance	1/384	1/204	1/103	1/40	1/25	1/15

OPTIONS DE DÉPISTAGE DU PREMIER TRIMESTRE

Examen	Résultats	Procédure
Analyse de sang du 1er trimestre (voir p. 56)	Estimation du risque de trisomie 18 ou 21	Prise de sang avec mesure du taux de deux hormones. Ces mesures croisées avec le résultat de la mesure de la clarté nucale donnent une estimation du risque de trisomie 21.
Mesure de la clarté nucale (voir p. 57)	Estimation du risque de trisomie 21	Une échographie mesure l'épaisseur de la nuque du bébé. Cette échographie est souvent combinée avec une analyse de sang.
Prélèvement de villosités choriales (PVC, voir p. 58–59)	Diagnostic définitif de la trisomie 21 ou d'autres anomalies chromosomiques	Échantillon de tissus placentaires prélevés à l'aide de l'une des deux méthodes existantes. Chromosomes analysés en laboratoire.

Vous devez vous demander ce que vous allez faire une fois les résultats connus. Il est essentiel de comprendre qu'aucun remède n'existe contre les anomalies chromosomiques. Si votre bébé est touché, vous n'avez que deux possibilités : poursuivre votre grossesse ou l'interrompre.

Ce sera sans doute une décision très difficile. Certaines femmes sont sûres de vouloir poursuivre leur grossesse quels que soient les problèmes, alors que d'autres savent qu'elles voudront avorter. Il est toutefois difficile de savoir ce que l'on ferait tant que la situation ne se présente pas, que l'on n'a pas examiné la question et évalué les répercussions sur le bébé et la famille.

Les femmes qui sont certaines de vouloir poursuivre la grossesse, quoi qu'il arrive, peuvent tirer profit du dépistage : connaissant le diagnostic à l'avance, elles vivront l'accouchement de manière plus positive. Elles auront eu le temps de penser à l'état de santé de leur bébé, de parler à d'autres mères ou d'adhérer à des groupes de soutien, et de préparer leur famille. Il ne faut donc pas exclure les dépistages avant d'en avoir mesuré les avantages et les inconvénients.

OPTIONS DE DÉPISTAGE

Il existe deux types de tests : les tests non intrusifs et les tests définitifs. Votre âge même constitue une sorte de test puisqu'il vous permet de déterminer les risques d'apparition de problèmes chromosomiques (voir page précédente). Le dépistage du premier trimestre compare votre âge aux résultats d'une analyse de sang et d'une échographie. Celui du deuxième trimestre tient compte de votre bilan sanguin et de votre âge. Ces deux tests établissent votre profil de risque, à comparer à ceux des femmes de votre âge.

Les tests non intrusifs présentent l'inconvénient de ne pas vous donner de résultat définitif. Par exemple, ils ne peuvent pas déterminer si votre bébé est atteint de trisomie 21 mais seulement établir la probabilité que cela se produise. Le seul moyen d'obtenir une réponse définitive est de subir un test intrusif : prélèvement de villosités choriales (PVC, voir p. 58–59) au premier trimestre ou amniocentèse (voir p. 78–79) entre la 15e et la 18e semaine.

Ces deux tests présentent un risque peu élevé de fausse couche.

On propose souvent aux femmes de plus de 35 ans de subir directement l'un de ces deux tests. Toutefois, certaines femmes commencent avec un test non intrusif : si la probabilité d'avoir un enfant avec des anomalies est très faible, elles ne prennent pas le risque de subir un test intrusif qui peut entraîner une fausse couche.

Dépistage du premier trimestre

Pour les femmes qui désirent connaître les risques de trisomie 21 sur leur enfant, mais qui veulent éviter un test intrusif comme le prélèvement de villosités choriales (PVC, voir p. 58–59) ou l'amniocentèse (voir p. 80–81), les tests du premier trimestre présentent une option de dépistage précoce mais pas de résultat définitif.

Le dépistage du premier trimestre a lieu entre la 10e et la 13e semaine de votre grossesse. Il croise les résultats d'une prise de sang avec des données échographiques pour déterminer la probabilité que votre bébé soit atteint de trisomie 21 ou d'une autre anomalie chromosomique. L'échographe mesure l'épaisseur de la nuque de votre bébé, la « clarté nucale », qui est plus importante chez les bébés atteints de trisomie 21. Le jour de l'échographie, on vous fait une prise de sang pour mesurer vos taux d'alpha-œtoprotéine (AFP) et d'hormone chorionique gonadotrope (hCG). Votre médecin calcule la probabilité que votre bébé soit atteint de trisomie 21 en prenant en compte les résultats de la prise de sang, votre âge et la mesure de la clarté nucale. Vous recevez les résultats quelques jours après avoir passé les tests. Le médecin compare alors son estimation à la probabilité moyenne pour les femmes de votre âge. Votre probabilité peut être supérieure, inférieure ou identique à la moyenne de votre âge.

Une échographie au premier trimestre peut vous rassurer sur la bonne santé de votre bébé.

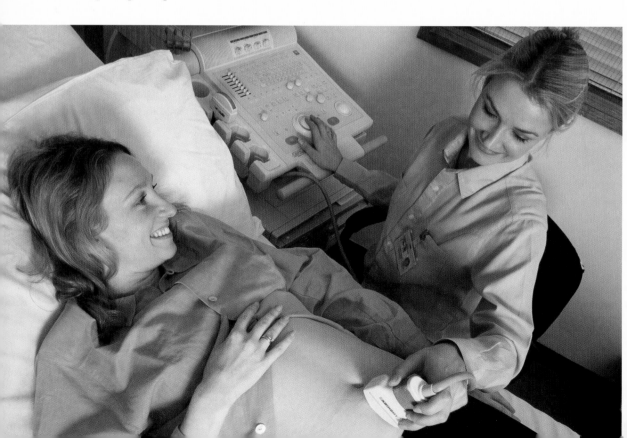

Mesure de la clarté nucale

En général, vous vous soumettez à ce test entre la 11ᵉ et la 14ᵉ semaine de grossesse. Le médecin ou l'échographe qui effectue l'examen place la sonde à ultrasons sur votre ventre, et recherche une zone de la nuque de votre bébé appelée clarté nucale.

Il marque deux points dans la zone et mesure l'épaisseur à ce niveau.

Si elle est faible, le risque de trisomie 21 est minime (la mesure exacte dépend de la taille du bébé). Si elle est plus importante, le risque d'avoir un enfant atteint de trisomie 21 est plus élevé que la normale.

Le résultat de cette échographie doit être croisé avec celui de votre analyse de sang pour évaluer les risques avec préci-

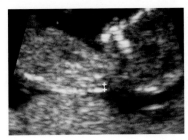

Une échographie normale de la clarté nucale montre les contours du bébé. Les deux croix indiquent sa nuque. Si l'espace entre les deux est étroit, les risques sont faibles.

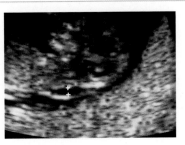

Une échographie anormale montre une épaisseur au niveau de la nuque (marquée par les deux croix). Plus l'épaisseur est importante, plus les risques sont élevés.

sion. Ce test dépend beaucoup des compétences de l'échographe. Une mauvaise échographie peut passer à côté

de la trisomie 21 ou donner un résultat positif alors que le bébé ne présente aucune anomalie chromosomique.

Le test est « positif » si le risque que votre bébé soit atteint est supérieur à une limite définie, généralement 1 chance sur 250. Un test positif ne signifie pas que votre bébé est atteint de trisomie 21, mais il indique que le risque est plus élevé. Le dépistage du premier trimestre permet aussi de détecter la plupart des bébés atteints de trisomie 18.

FIABILITÉ DU DÉPISTAGE

Chez les femmes de plus de 35 ans, le dépistage du premier trimestre permet de détecter 85 à 95 % des bébés atteints de trisomie 21. Toutefois, il peut donner un « faux négatif », indiquant que les risques sont peu élevés alors que le bébé est atteint. Ce dépistage est négatif dans 5 à 15 % des grossesses alors

que le bébé est bien atteint de trisomie 21.

INCIDENCE DE L'ÂGE SUR LES RÉSULTATS

En avançant en âge, la probabilité que le test soit positif augmente. Chez les femmes de plus de 35 ans, 25 % des tests sont positifs. Même

si la plupart d'entre elles auront un bébé normal, il est raisonnable, suite à ce résultat, de faire un PVC ou une amniocentèse. Toutefois, 75 % des femmes obtiennent un résultat négatif, et peuvent se sentir plus rassurées à l'idée de ne pas pratiquer le PVC ou l'amniocentèse.

RÉSULTATS

Si votre test est positif Même avec un résultat positif, le risque que votre bébé soit atteint de la trisomie 21 est très faible. Votre médecin vous indiquera les risques statistiques réels : vous pourrez les comparer avec les risques de fausse couche suite à un PVC ou à une amniocentèse, seuls tests pouvant apporter une réponse définitive.

Si votre test est négatif Si le dépistage du premier trimestre est négatif, le risque que votre bébé soit atteint de trisomie 21 est extrêmement faible. Toutefois, si vous n'êtes toujours pas rassurée, vous pouvez choisir d'effectuer quand même un PVC ou une amniocentèse. L'un et l'autre de ces tests vous apporteront un résultat définitif.

Dépistage par PVC

Aujourd'hui, beaucoup de femmes ont la possibilité d'effectuer un dépistage précoce de la trisomie 21. Lors d'un prélèvement de villosités choriales, un fragment infime du placenta est prélevé, puis fait l'objet d'une analyse chromosomique. L'avantage de ce test est qu'il peut être fait cinq semaines plus tôt que l'amniocentèse.

La technique du prélèvement de villosités choriales (PVC) est une méthode de plus en plus prisée de dépistage d'anomalies chromosomiques à un stade beaucoup plus précoce que l'amniocentèse. Le PVC est pratiqué entre la 10ᵉ et la 14ᵉ semaine de la grossesse.

QU'EST-CE QUE LE PVC ?

Lors du PVC, un petit fragment de tissu placentaire est délicatement prélevé sur votre placenta pour analyse. Le placenta se développant à partir de l'œuf fécondé, les chromosomes des cellules de ce tissu sont identiques à ceux de votre bébé.

Le PVC vous indique si votre bébé est atteint d'une anomalie chromosomique, telle que la trisomie 21. Il ne permet pas de détecter les défauts du tube neural : ceux-ci sont détectés par une analyse de sang, l'AFP (voir p. 76–77), entre la 15ᵉ et la 18ᵉ semaine, ou par une échographie.

Si vous êtes atteinte d'une maladie génétique, comme la mucoviscidose, les tissus prélevés peuvent être analysés pour déterminer si le bébé est également porteur du gène responsable de la maladie.

Les chercheurs développent actuellement des panels de tests permettant de détecter de nombreuses maladies génétiques simultanément. Ces tests ne sont pas courants, mais certains d'entre eux peuvent être réalisés dans votre région, soit à vos frais, soit dans le cadre d'un programme de recherche.

PRENDRE LA DÉCISION

Avant de décider de faire un PVC, vous devez prendre plusieurs choses en considération. Avantage important du PVC, il peut être effectué jusqu'à cinq semaines plus tôt que l'amniocentèse : si une anomalie est détectée, l'avortement sera donc plus sûr, moins cher et plus confidentiel si vous choisissez cette option.

En outre, le matériel génétique prélevé est plus important : vous pouvez obtenir des résultats plus rapidement qu'avec une amniocentèse (entre environ sept à dix jours pour un PVC contre deux semaines pour une amniocentèse). Si l'insertion d'une aiguille dans votre abdomen (utilisée aussi pour l'amniocentèse) vous effraie, vous pouvez choisir un PVC par voie transcervicale, qui n'utilise pas d'aiguille.

Le PVC a pour inconvénient de provoquer un risque, très faible mais réel, de perte de votre bébé. L'expérience du praticien est importante. Entre des mains expertes, le risque de fausse couche suite à un PVC par voie transabdominale ou transcervicale est d'environ 1 pour 100 à 300. Ce risque est légèrement plus élevé que celui de l'amniocentèse

---

RÉSULTATS

■ **Que vont-ils m'apprendre sur la santé du bébé ?**

Ce test vous indique si votre bébé est atteint d'anomalies chromosomiques, telles que la trisomie 13, 18 ou 21. L'échantillon prélevé lors du PVC peut servir à détecter certains défauts génétiques ponctuels, telle la mucoviscidose.

■ **Peuvent-ils montrer autre chose ?**

Ce test peut également vous révéler le sexe de votre bébé si vous voulez le connaître.

■ **Combien de temps faut-il attendre pour avoir les résultats ?**

En général, vous obtenez les résultats au bout de sept à dix jours.

(1 pour 200 à 400). Il y a quelques années, des études semblaient indiquer un léger risque que le bébé naisse avec des anomalies des membres, notamment des doigts ou orteils manquants. Toutefois, la plupart des cas constatés concernaient un PVC pratiqué avant la 10e semaine. Aujourd'hui, la plupart des centres n'effectuent pas ce test avant la 10e semaine. Pour prendre les choses dans leur contexte, le risque d'avoir un bébé souffrant d'une anomalie des membres est de 1 pour 1 700. Avec un PVC, ce risque augmente légèrement pour passer à 1 pour 1 000.

Déroulement du test

Le prélèvement de villosités choriales s'effectue dans un service de consultation externe. La visite dure une à deux heures et inclut un conseil génétique, une échographie et l'acte lui-même.

Vous Le médecin repère l'emplacement du placenta par échographie. Le prélèvement peut se faire *via* l'abdomen (voie transabdominale) ou *via* le vagin et l'utérus (voie transcervicale). Dans la technique transabdominale, l'aiguille utilisée pour collecter le tissu placentaire est insérée dans votre paroi abdominale. Dans la technique trans-

La carte chromosomique d'un bébé atteint de trisomie 21 montre un chromosome 21 supplémentaire. Normalement, chaque cellule comporte 23 paires de chromosomes.

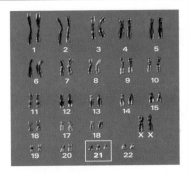

cervicale, un mince tube est inséré dans l'ouverture de votre utérus. En général, le médecin décide de la technique à utiliser en fonction de ses compétences et de la position du placenta. Dans 2 à 3 % des cas, il ne pourra pas procéder au prélèvement en raison de l'emplacement du placenta. Vous avez alors l'option d'effectuer une amniocentèse à la 15e semaine.

En général, le PVC n'est pas très douloureux : vous ressentirez peut-être des crampes identiques à celles des règles. Dans le cas d'un PVC transabdominal, l'aiguille ne fait pas plus mal qu'une prise de sang. Quelques médecins font une petite anesthésie locale avant de procéder au prélèvement. Si le rhésus de votre groupe sanguin est négatif, vous recevrez une injection d'anticorps immuns anti-D après le prélèvement, afin de prévenir toute complication durant cette grossesse et les grossesses à venir.

Le bébé Lors du PVC, un échantillon du placenta est prélevé. L'aiguille ne doit pas toucher votre bébé. Le prélèvement s'effectue sous contrôle échographique permanent : le médecin sait donc où se trouve l'aiguille à tout moment. Le bébé ne ressent aucune gêne.

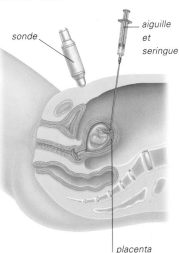

sonde utérus

tube souple vessie placenta

Lors d'un PVC transcervical, du tissu placentaire est prélevé via un fin tube inséré dans l'utérus.

sonde aiguille et seringue

placenta

Lors d'un PVC transabdominal, une aiguille est insérée dans la paroi abdominale pour prélever du tissu placentaire.

2^E TRIMESTRE
À quoi s'attendre

Ce trimestre, considéré comme le meilleur moment de la grossesse, se caractérise par un regain d'énergie et par la fin des nausées. Votre ventre commence à grossir et vous êtes visiblement enceinte.

Ce fœtus de 5 mois *semble complètement développé, avec ses petits doigts et les traits de son visage parfaitement formés. Le cordon ombilical est enroulé sur le sommet de son ventre.*

VOUS

Votre compagnon et vous pouvez reprendre les activités abandonnées les trois premiers mois et partager à nouveau de bons moments. À mesure que vous gagnez en appétit et en vitalité, vous pourrez aussi apprécier les moments entre amis ou en famille.

Vos vêtements commencent à être trop étroits, et bien que certaines femmes évitent les vêtements de maternité aussi longtemps que possible, vous vous apercevrez que vous n'avez plus vraiment le choix à mesure que votre ventre grossit.

Au travail, vous avez probablement assez d'énergie pour rattraper les projets en retard des derniers mois et pour faire quantité de choses. Vous êtes peut-être loin de vouloir ralentir. Les risques de complications nécessitant un arrêt maladie sont minces. C'est toutefois une bonne idée d'organiser votre travail et de vous préparer à transférer vos responsabilités en cas de besoin, surtout si vous attendez des jumeaux ou des triplés.

Ce trimestre est propice à l'activité. Vous devriez être assez dynamique pour faire de bonnes marches ou pour aller danser.

Durant cette période, vous vous posez également plus de questions sur la santé de votre bébé : vous attendez les résultats d'examens, tels le dépistage sérique maternel et l'amniocentèse.

VOTRE BÉBÉ

Au début de ce trimestre, votre bébé est déjà bien formé. Il se développe rapidement au cours de cette période. Vous prenez chacun plus largement conscience l'un de l'autre. Les mouvements de votre bébé deviennent assez vigoureux pour que vous les sentiez. Il commence à inspirer et expirer du liquide amniotique, ce qui aide au développement de ses poumons. Le liquide amniotique est excrété sous forme d'urine. D'ici à la fin du trimestre, l'ouïe de votre bébé sera suffisamment développée pour qu'il puisse entendre de la musique et certains sons de votre voix. Les organes génitaux externes seront formés : vous pourrez connaître le sexe de votre enfant lors d'une échographie.

Comme votre **niveau de vitalité s'accroît,** vous pouvez **profiter** de bons moments avec vos amis, votre famille et **votre compagnon.**

Votre corps

À ce stade, les changements hormonaux que vous avez subis se sont stabilisés, et vous devriez noter que votre fatigue et vos nausées commencent à se dissiper. Le développement de la poitrine, le manque de souffle et les caprices alimentaires continueront probablement. Durant ce trimestre, votre utérus s'agrandit jusqu'à atteindre votre nombril vers la 20ᵉ semaine.

TRANSFORMATIONS PHYSIQUES

Bien que votre poitrine continue à se développer en préparation de l'allaitement, la douleur des seins ressentie au premier trimestre peut s'atténuer. Durant ces trois mois, vous pouvez vous sentir moins gênée à l'idée que votre compagnon touche votre poitrine.

Votre appétit a probablement atteint son apogée : votre utérus n'exerce encore aucune pression sur votre estomac et votre poitrine. Les nausées, qui vous empêchaient de prendre du poids durant le premier trimestre, s'atténuent probablement. Vous prenez du poids non seulement au niveau de l'abdomen, mais aussi à des endroits où cela peut vous déplaire, comme les cuisses et les hanches.

Si, lors du premier trimestre, vous ne vous sentiez pas assez bien pour faire du sport, le deuxième trimestre est le moment idéal pour commencer ou réactiver un programme d'exercices physiques (voir p. 70–71). Ne poursuivez que les activités physiques sans chocs potentiels, pour protéger vos ligaments qui s'assouplissent et vos articulations qui se fragilisent.

Problèmes courants Vers la fin du deuxième trimestre, alors que la taille de votre utérus augmente, vous pouvez ressentir de plus en plus de gêne. Une des douleurs courantes de ce trimestre, la douleur ligamentaire, est due à l'étirement des ligaments de l'utérus. À mesure que le poids que vous portez augmente, les

Vous pouvez partager avec votre compagnon ces moments palpitants où votre bébé bouge. La plupart des femmes commencent à sentir leur bébé vers la 20ᵉ semaine de grossesse.

Qu'est-ce qu'une bonne prise de poids ?

Votre gain de poids sera contrôlé tout au long de votre grossesse. Les normes de prise de poids sont les suivantes :
Idéalement, les femmes qui sont dans leur poids de forme avant la grossesse doivent prendre 11 à 16 kg (16 kg pour des jumeaux). Les femmes trop maigres doivent quant à elles prendre 13 à 18 kg, et celles qui sont en surpoids 7 à 11 kg.

risques de maux de dos sont plus élevés. Le mal de dos devenant plus courant avec l'âge, les femmes de plus de 35 ans doivent éviter les efforts dorsaux. Des problèmes d'incontinence surviennent souvent au début de ce trimestre, et sont plus courants chez les femmes de plus de 35 ans (voir p. 103).

SENTIR VOTRE BÉBÉ BOUGER

La première fois que vous sentez votre bébé bouger constitue une expérience incroyable. C'est le début d'un lien affectif direct et tangible entre vous deux.

Quand allez-vous sentir votre bébé ? Le moment de cette première fois dépend de plusieurs facteurs : votre expérience, votre poids et la position de votre pla-

Si vous avez déjà eu un enfant et que votre placenta se trouve à l'arrière de l'utérus, il se peut que vous sentiez votre bébé bouger dès la 14e semaine. S'il s'agit de votre première grossesse, que le placenta est en position antérieure et/ou que vous avez un peu de surpoids, vous pouvez ne pas sentir votre bébé avant la 24e semaine. Entre la 18e et la 20e semaine, votre praticien vous demandera si vous sentez votre bébé bouger. Si vous ne sentez rien, ne soyez pas anxieuse, cela ne signifie rien de grave. La plupart des femmes font une échographie entre la 20e et la 22e semaine de grossesse, ce qui peut les rassurer sur le fait que le bébé bouge bien même si elles ne sentent rien.

NAUSÉES PERSISTANTES

La plupart des femmes sont débarrassées des nausées vers la fin du premier trimestre, mais d'autres continuent à y être sujettes tout au long de la grossesse. Si vos nausées étaient très fortes, vous avez 25 % de risques d'avoir encore des nausées à la 20e semaine ; vous pouvez toutefois vous attendre à ce qu'elles s'atténuent. Seul un faible pourcentage de femmes souffre de nausées tout au long de la grossesse. En plus des traitements (voir p. 39), il y a certaines choses que vous pouvez faire pour réduire les risques de nausées persistantes. Celles-ci peuvent être un effet des reflux

si vous avez **déjà vécu une grossesse**, vous devriez **sentir votre** bébé bouger **avant** les **mamans novices**

centa. Les mamans qui ont déjà été enceintes sentent leur bébé bouger une à deux semaines plus tôt que les mamans qui attendent leur premier bébé. Si le placenta est en position antérieure (le long de l'avant de l'utérus), il agit comme un coussin entre votre peau et votre bébé, et vous percevez moins nettement les mouvements du bébé au début de la grossesse. Votre poids constitue également un facteur influant : la graisse sous-cutanée agit comme un isolant entre vous et votre bébé.

gastriques qui s'accentuent avec la grossesse. Si vos nausées apparaissent après une sensation de brûlure ou de douleur dans la poitrine et s'accompagnent de renvois, un traitement anti-acide peut vous soulager.

Enfin, à ce stade de la grossesse, vous avez identifié les odeurs et les aliments qui déclenchent vos nausées ; il vous suffit donc de les éviter. Portez également des vêtements légers qui ne font pas pression sur le ventre.

Vos émotions

Le second trimestre apporte avec lui de nombreux changements bienvenus. Comme vos taux d'hormones se stabilisent, vous êtes moins imprévisible : vous êtes à nouveau vous-même. Vous regagnez votre vitalité, et les nausées matinales s'estompent normalement après la 12e semaine de grossesse. De manière générale, la grossesse devient enfin plus agréable.

SENTIR VOTRE BÉBÉ BOUGER

La plupart des femmes commencent à sentir leur bébé bouger au cours du second trimestre. Au début, la sensation est très légère et peut passer inaperçue, surtout si vous êtes occupée. Au fur et à mesure que votre bébé se développe, ses mouvements deviendront plus perceptibles, et vous commencerez à faire le lien entre vos activités et ses mouvements. Une maman est toujours très émue de sentir son bébé bouger pour la première fois. Elle réalise concrètement qu'elle porte en elle un petit être.

Si vous en avez envie, passez du temps à vous concentrer sur votre relation avec votre bébé. Au coucher, comme votre bébé met un peu plus longtemps que vous à se détendre, c'est l'instant idéal pour le sentir bouger et pour entrer activement en contact avec lui. Cela peut marquer le début du lien affectif entre vous deux, et surtout vous aider à surmonter les éventuels sentiments en demi-teintes que vous pouvez éprouver au sujet de votre maternité.

ÉVITER D'ÊTRE IMPORTUNÉE

Au cours de ce trimestre, votre ventre devient bien visible, et votre grossesse devient une évidence. Peu de femmes imaginent le nombre de personnes, même inconnues, qui ne peuvent s'empêcher de toucher leur ventre. Certaines apprécient ces gestes d'attention, mais d'autres peuvent se sentir plus ou moins mal à l'aise. Si vous-même n'aimez pas ce genre de contact physique, n'hésitez pas à fixer des limites et à remettre poliment un inconnu à sa place. Il n'est pas plus convenable de vous toucher sans votre autorisation pendant votre grossesse qu'en temps normal. Surtout, ne vous en excusez pas, et afin de préserver votre espace personnel, trouvez une formule qui vous convienne. Dites par exemple : « Je comprends que vous ayez envie de toucher mon ventre mais je n'aime vraiment pas ça ».

À ce stade de votre grossesse, votre mère, votre belle-mère, vos collègues, vos voisins, voire des inconnus, peuvent vous submerger de conseils alors que vous ne leur demandez rien. Souvent, ces personnes ne sont pas au courant des dernières recherches et prodiguent des conseils qui datent

> sentir son bébé bouger pour la première fois est un **moment incroyable** et **très émouvant**

de l'époque de leurs propres grossesses, et qui peuvent être contraires à vos principes ou tout simplement mauvais.

Ignorez tout conseil spontané contraire au bon sens, et surtout n'oubliez pas que c'est vous qui êtes enceinte. C'est à votre compagnon et à vous-même de décider ce qui vous convient ainsi qu'à votre bébé. Toutefois, si une remarque vous trouble ou vous semble intéressante, prenez-en note et parlez-en à votre médecin ou à votre sage-femme.

SURMONTER L'ANGOISSE
DE L'ATTENTE DES RÉSULTATS

Les femmes de plus de 35 ans se voient proposer un plus grand nombre d'examens médicaux que les futures mamans plus jeunes. Dans cette tranche d'âge, elles-mêmes et leurs bébés encourent plus de risques de complications. Cela pourrait facilement nous faire oublier qu'une grande majorité de ces femmes mènent des grossesses sans problèmes et ont des bébés en bonne santé. En l'absence de problème médical précis justifiant une attention particulière, vous devriez estimer que vous êtes en parfaite santé et votre bébé aussi.

Si toutefois les examens et les résultats qui en découlent viennent à vous angoisser, il faudra déterminer la nature de vos craintes afin de les surmonter. Pour vous apaiser, rassemblez des informations médicales sur les examens que vous devez passer, et demandez à votre sage-femme de vous en expliquer la teneur, la nécessité et la fiabilité, et de vous présenter les autres options disponibles. Une sage-femme qualifiée est ravie d'avoir une patiente qui s'implique activement dans son propre suivi. Veillez à être prise en charge par une équipe compétente et compréhensive. Vous trouverez aussi des renseignements fiables en bibliothèque ou sur Internet.

Il est tout à fait normal d'être inquiète à l'idée d'obtenir des résultats d'examen défavorables. Votre vie et celle de votre bébé peuvent changer radicalement en cas de graves problèmes de santé. Il peut être utile d'envisager toutes les options possibles, de réfléchir à ce que vous voudriez faire en cas de résultats défavorables et d'en discuter avec votre compagnon. En anticipant le pire, certaines femmes se sentent mieux à même de maîtriser la situation. Toutefois, indépendamment du nombre d'examens passés, l'attente des résultats est généralement éprouvante, même si la plupart du temps, il n'y pas d'inquiétude à avoir.

Trouver du soutien Exprimer vos craintes peut suffire à dissiper votre anxiété et à vous donner une vision plus réaliste. Parlez de vos peurs avec votre compagnon, votre famille ou vos amies de plus de 35 ans qui ont déjà eu des enfants. Leur soutien rendra l'attente des résultats moins pénible.

Votre garde-robe

Au cours de ce trimestre, vos vêtements habituels ne seront plus confortables et il vous faudra acheter des vêtements de grossesse. Certaines femmes adorent ce type de vêtements, tandis que d'autres détestent l'idée d'avoir le look d'une femme enceinte, estimant que les vêtements maternels sont souvent démodés et inélégants. Être bien habillée pendant votre grossesse peut être important pour votre moral, et cela vous donnera l'assurance nécessaire pour vous adapter aux nombreux changements de votre vie. Faites vos achats en suivant ces quelques conseils :

■ lors des essayages, gardez à l'esprit que vous allez sans doute beaucoup grossir d'ici à la fin de la grossesse, et que la prise de poids ne concernera pas seulement votre ventre ;

■ pensez aux changements de saison ;

■ si vous avez de petits moyens, achetez quelques articles de base de bonne qualité, et complétez votre garde-robe dans les braderies. Vous y trouverez des vêtements presque neufs. Demandez aussi à vos amies si elles ne peuvent pas vous prêter leurs vieux vêtements de grossesse. Si, pour votre travail, vous devez porter des ensembles ou des tenues d'un certain prix, mettez-vous en relation avec d'autres femmes pour partager vos vêtements ;

■ procurez-vous les vêtements essentiels : quelques jupes et pantalons de couleur sombre, une paire de jeans, deux ou trois chemisiers et T-shirts confortables ;

■ comme vous risquez de transpirer plus durant votre grossesse, achetez des vêtements lavables en machine, surtout si votre garde-robe est limitée.

Votre couple

Durant les mois du second trimestre, physiquement moins éprouvants, votre couple est de nouveau plus insouciant. La vie de futurs parents peut illuminer votre existence. Grâce à ce regain d'énergie, vous pouvez avoir plus d'activités et rattraper le temps perdu avec vos amis.

PASSER DU TEMPS AVEC VOTRE COMPAGNON

Votre vie de couple se stabilise. Grâce à votre vitalité retrouvée et à la disparition des nausées, vous avez éliminé le stress des premiers mois. Profitez de ce trimestre pour passer du temps ensemble et retrouver l'enchantement de votre relation amoureuse. Si vous attendez votre premier enfant, sa naissance va changer votre vie pour toujours. Savourez donc cette période qui s'achève tout en préparant l'avenir.

Rapports sexuels Vous êtes de nouveau actifs et vous vous amusez plus que jamais ! La grossesse ne modifie pas seulement votre ventre. Elle apporte aussi d'autres changements qui participent à l'épanouissement de votre vie sexuelle. Vos seins grossissent et vos mamelons deviennent plus foncés et plus sensibles au toucher. Vous pourrez tous deux apprécier ces changements tout particulièrement. En outre, votre vulve et votre clitoris gonflent légèrement et sont plus facile-

Parler avec vos enfants

Une fois les préoccupations du premier trimestre passées, vous devrez peut-être accorder plus de temps à vos enfants. Vos jeunes enfants ont besoin de vous sentir de nouveau en forme, et ils seront rassurés de constater qu'ils n'étaient pas la cause de vos problèmes. C'est aussi le moment idéal pour leur annoncer l'arrivée prochaine du bébé.

Faites-leur sentir les mouvements du bébé. Ils se sentiront importants, et auront l'impression d'avoir toute leur place dans la famille qui s'agrandit. Un jeune enfant a besoin de savoir qu'il ne sera pas remplacé par le nouveau venu, et c'est à vous de lui expliquer les avantages d'être un grand frère ou une grande sœur. Vos enfants plus âgés profiteront eux aussi de l'harmonie retrouvée après un premier trimestre éprouvant. Cependant, la vision de votre ventre qui grossit, témoignage de l'activité sexuelle de votre couple, est susceptible de les embarrasser. Ils pourraient également s'inquiéter à l'idée de devenir des baby-sitters à temps complet.

Encouragez-les à exprimer leurs sentiments, et faites de votre mieux pour les préparer au grand changement qui attend toute la famille.

> en préparant **ensemble** l'arrivée de bébé, vous accomplirez avec **enthousiasme** votre première tâche de **parents**

ment excitables. Souvent, une femme enceinte est plus intensément excitée et arrive plus rapidement à l'orgasme. Pour le partenaire, la lubrification vaginale provoquée par cette sensibilité accrue rend la pénétration particulièrement jouissive.

Se sentir peu attirante Certaines femmes assument mal leurs nouvelles mensurations, et se sentent peu attirantes en vêtements de grossesse. Certains hommes se demandent également s'ils seront encore attirés par leur compagne enceinte. Rappelez-vous que les femmes enceintes sont très féminines et attirent beaucoup d'hommes. Profitez de votre sensualité en éveil : si vous avez confiance en votre pouvoir de séduction, vous exciterez beaucoup votre partenaire.

Oubliez vos sentiments négatifs sur vous-même et vivez pleinement les nouvelles possibilités de plaisir qui s'offrent à vous. Détendez-vous et profitez des moments d'intimité avec votre partenaire. Votre vie amoureuse a pu pâtir d'un parcours épuisant avant la grossesse et pendant le premier trimestre. C'est le bon moment pour panser les plaies. Oubliez votre tour de taille, enlevez vos vêtements de grossesse et pensez à vos nouveaux atouts physiques.

EN ATTENDANT D'ÊTRE PARENTS

Au cours de ce trimestre, votre grossesse devient bien réelle. Les résultats de vos examens médicaux indiquent probablement que votre bébé se porte bien, et vous commencez aussi à sentir ses premiers mouvements. Vous avez enfin l'esprit serein, et vous pouvez anticiper la naissance avec enthousiasme tout en faisant des projets pour votre enfant. Votre grossesse devient plus concrète également pour votre compagnon, qui peut sentir les premiers coups de pied de bébé. Pour lui aussi, c'est un grand moment.

Quand viendra le dernier trimestre de grossesse, attendez-vous à une perte de vitalité. Vous serez aussi très occupée par des visites médicales fréquentes et par les préparatifs de votre congé de maternité. Le second trimestre est donc le moment propice pour vous occuper de tous les détails qui concernent votre bébé. Vous pouvez réfléchir à des prénoms, contacter les crèches et faire les premiers achats de layette. Parfois, les grands-parents vous donnent des meubles de famille

Profitez de votre vitalité retrouvée
pour renouer avec vos amis pendant
ce trimestre relativement calme.

qu'il faut remettre à neuf. C'est le bon moment pour vous attaquer à ce genre de travail laborieux. Si vous devez utiliser des diluants, des décapants ou de la peinture, très nocifs pour votre bébé, laissez faire votre compagnon : en faisant ces préparatifs avec vous, il se sentira plus impliqué.

PASSER DU TEMPS AVEC VOS AMIS

Votre vitalité retrouvée, vous pouvez passer plus de temps avec vos amis et familles. C'est peut-être le moment de leur annoncer la nouvelle. Sachant que votre vie sociale va changer après la naissance de votre bébé, profitez des occasions de sortie.

Vos rapports avec vos amies qui ont des enfants prendront plus d'importance : vous aurez des préoccupations communes. Vous serez soulagée d'avoir quelqu'un à qui parler de vos joies et de vos craintes. En prenant l'avis d'autres mamans et en les regardant s'occuper de leurs enfants, vous serez plus à l'aise pour assumer votre maternité.

Votre carrière

Pour bien des femmes, le deuxième trimestre est la période la plus agréable pour travailler. La perte de vitalité du premier trimestre laisse la place à une période plus dynamique où vous avez peut-être envie d'affronter certains défis importants de votre carrière. Vous en serez récompensée à votre retour de congé maternité, mais en attendant, prenez soin de ne pas vous épuiser.

CONSERVER VOTRE VITALITÉ

Après la grande fatigue du premier trimestre, vous vous sentez enfin libérée. Maintenant que vous avez l'esprit plus clair et qu'il vous est plus facile de vous déplacer, vous serez sans doute tentée de reprendre toutes les activités que vous aviez écartées au début de votre grossesse. Dans la limite du raisonnable, profitez de ce regain d'énergie.

Travaillez dur dès maintenant pour gagner l'estime de vos employeurs, afin qu'ils se montrent plus indul-

l'éblouissement et la fatigue oculaire. Si, pour votre travail, vous devez rester longtemps debout, reposez-vous régulièrement, et demandez si vous pouvez travailler assise plus longtemps. Veillez à porter des chaussures et des vêtements confortables.

Les voyages Si vous devez faire des voyages fréquents pour votre travail, cela vous sera le plus facile entre la 18ᵉ et la 24ᵉ semaine de grossesse, lorsque les risques de complications sont au plus bas.

faire des projets pour votre congé de maternité peut être très enthousiasmant

gents quand vous aurez besoin de lever le pied au troisième trimestre et au moment de la reprise d'activité. Cependant, n'en faites pas trop, et restez à l'écoute de votre corps. Ne prenez pas d'engagements inconsidérés, et donnez la priorité aux tâches les plus urgentes. Le surmenage serait néfaste pour votre bébé, et vous pourriez mettre plus longtemps à récupérer.

VEILLER SUR VOTRE BIEN-ÊTRE

Assurez-vous de votre confort au travail. Votre siège doit soutenir convenablement votre dos et votre poste de travail doit être correctement installé. Si vous utilisez un ordinateur, vérifiez la bonne hauteur de votre siège par rapport à votre écran afin d'éviter tout mal de dos ou de nuque. Pour plus de confort, utilisez un repose-poignets et un filtre d'écran, qui réduit

Boire de l'eau en quantité suffisante est essentiel, afin d'éviter la déshydratation, et par conséquent la réduction du débit sanguin vers votre bébé. Vous risquez aussi de développer une thrombose veineuse profonde (caillot de sang) aux jambes. Levez-vous régulièrement pour détendre vos jambes. Ne gardez pas votre vessie pleine pendant tout le trajet. En voiture ou en avion, veillez à aller uriner régulièrement. Pour vous assurer un minimum de confort durant un vol, réservez un siège offrant plus d'espace pour les jambes et demandez un coussin supplémentaire pour soutenir votre dos. Ne vous inquiétez pas des rayons X aux contrôles de sécurité : ils ne sont pas nocifs pour votre bébé.

PRÉVOIR VOTRE CONGÉ DE MATERNITÉ

Certaines mamans choisissent de s'occuper à plein

temps de leur enfant. D'autres ne le souhaitent pas et/ou ne peuvent pas se le permettre financièrement parlant. Si vous prévoyez de retravailler, vous devez prévoir votre congé de maternité (voir p. 15).

Anticiper votre départ De nombreuses femmes travaillent le plus longtemps possible pour pouvoir passer la plus grande partie de leur congé avec leur bébé. Cela peut également être utile en cas de problème de santé imprévu après l'accouchement. Toutefois, vous devez aussi envisager sérieusement l'éventualité d'un repos obligatoire pendant la deuxième moitié de votre grossesse. Cette situation est plus courante chez les femmes de plus de 35 ans, qui ont un risque accru de souffrir d'hypertension. Dans ce cas, vous devrez prévoir de travailler chez vous ou d'entamer votre congé plus tôt (voir p. 90). Trouvez le bon équilibre entre vos besoins personnels et vos obligations professionnelles afin de partir au bon moment.

SI VOUS ARRÊTEZ DE TRAVAILLER

La décision de quitter définitivement son travail bouleverse votre vie. Certaines femmes l'ont toujours envisagé. Si cela est votre cas, vous avez sans doute fait le bon choix : celui qui correspond à vos valeurs.

Ce qu'il faut prendre en considération Si, pour la première fois, vous envisagez d'arrêter de travailler, prenez le temps de réfléchir aux conséquences de cette décision : vous n'aurez plus de relations avec des collègues, vous perdrez votre sécurité et votre autonomie financières ainsi que votre routine quotidienne. Si vous aviez le sentiment que votre vie professionnelle contribuait à forger votre identité, vous devez aussi faire le deuil de cette dimension. Le rôle de maman à temps complet peut ne pas vous convenir, et un travail à temps partiel ou à temps plein ferait peut-être mieux votre bonheur. Si possible, attendez votre congé maternité avant de prendre une décision définitive : vous expérimenterez la vie à la maison 24 heures sur 24 avec votre bébé, et pourrez voir si elle répond bien à vos attentes.

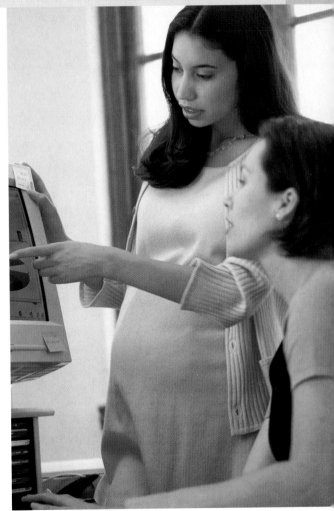

Des vêtements et des chaussures confortables vous permettront de conserver votre énergie et votre concentration. Une garde-robe de maternité bien étudiée vaut bien la dépense.

À vous de décider La décision de quitter ou de garder son travail tient parfois à des influences extérieures. Certains hommes encouragent leur femme à abandonner leur travail afin qu'eux-mêmes puissent se consacrer entièrement à leur carrière sans avoir à s'occuper des enfants. Inversement, certaines femmes préféreraient rester chez elles, mais estiment devoir reprendre le travail pour des raisons financières afin que leur partenaire puisse garder un travail agréable mais peu rémunéré. Assurez-vous de faire le choix vous-même, en toute connaissance de cause.

Activités physiques

En général, vous n'envisagez pas de commencer ou de reprendre un programme d'exercices physiques tant que les nausées et la fatigue n'ont pas diminué. Pour de nombreuses femmes, cela coïncide avec le deuxième trimestre qui est donc le moment idéal pour vous y mettre.

EXERCICES RECOMMANDÉS

Pour éviter de vous blesser, optez pour des activités aérobies comme la marche ou le vélo d'intérieur, et respectez votre rythme cardiaque en maîtrisant l'intensité de vos exercices. À mesure du développement du bébé, vous le sentirez bouger pendant et après les exercices, et il aura même des activités préférées. Faites-lui plaisir en pratiquant celles-là en priorité !

VOTRE SÉCURITÉ

Au cours de ce trimestre, vous vous sentez bien plus dynamique, mais vous ne devez pas oublier de ménager votre corps. Un entraînement excessif peut nuire à la santé de votre bébé. Lorsque vous faites vos exercices, vos besoins sont satisfaits avant les siens. Le flux sanguin se dirige en priorité vers les muscles qui travaillent au détriment de l'alimentation du bébé. Un entraînement de haute intensité peut le priver d'un approvisionnement sanguin satisfaisant. Adoptez donc un rythme modéré.

Garder l'équilibre Comme votre centre de gravité se déplace pendant la grossesse, vous pouvez facilement perdre l'équilibre, même lors d'exercices qui vous sont familiers. Pour réduire les risques de chute, renoncez, surtout vers la fin de ce trimestre,

ACTIVITÉS PHYSIQUES POUR LE DEUXIÈME TRIMESTRE

Activité	Bienfaits et conseils	Fréquence et durée
Randonnée et marche énergique	La randonnée améliore votre santé cardiovasculaire et vous aide à reprendre des forces. Une marche énergique pendant votre pause déjeuner vous revigorera pour le reste de la journée.	Tous les jours ou au moins quatre fois par semaine durant trente minutes selon votre fatigue.
Vélo d'intérieur	Passez du vélo de plein air au vélo d'intérieur : pratiqué dans un environnement climatisé, il vous permet d'éviter les chutes graves dues à votre manque d'équilibre et de suivre votre progression.	Quatre à cinq fois par semaine si c'est votre seule activité sportive, trente minutes (quarante-cinq maximum).
Musculation sur appareil elliptique	En passant du jogging à des exercices sur un appareil elliptique, vous détendez les muscles de l'abdomen, du bas du dos et du bassin. Cela vous permet d'éviter le mal de dos et de renforcer votre plancher pelvien.	Quatre à cinq fois par semaine si c'est votre seule activité sportive, trente minutes (quarante-cinq maximum).
Exercices d'abdominaux adaptés	Évitez les exercices d'abdominaux standard : pratiquez-les plutôt allongée sur le côté ou mettez-vous sur vos genoux et posez vos mains par terre pour faire le dos rond. Vous pouvez aussi utiliser un *medicine ball*.	Trois séries de huit à dix mouvements au moins deux fois par semaine (trois fois maximum).

aux activités sportives nécessitant un bon équilibre.

Rester au frais Lorsque vous pratiquez un sport à l'extérieur par temps chaud ou prenez un bain chaud afin de vous détendre, la température de votre corps peut atteindre 39 °C. Une température aussi élevée peut être nuisible au développement du système nerveux central de votre bébé. Pendant l'été, réservez vos activités pour les heures plus fraîches du matin ou du soir, et mettez des vêtements de sport de saison. Privilégiez également les salles climatisées.

Enfin, les bains chauds relaxants après l'effort sont malheureusement à proscrire pendant toute la grossesse.

Éviter les environnements pollués Si vous faites du sport à proximité d'axes d'intense circulation automobile, la quantité de plomb respirée peut nuire à la santé de votre bébé. Évitez également les piscines mal assainies pour ne pas augmenter les risques d'infection urinaire, qui viendraient s'ajouter à l'inconfort de la grossesse.

Éviter de s'allonger sur le dos Allongée sur le dos, le débit de votre cœur décroît de 9 %, le poids de votre bébé empêchant le sang de refluer des jambes vers le cœur. Pour éviter ce problème, mettez-vous sur le côté pour faire vos exercices.

Les avantages d'un entraînement modéré

Des exercices réguliers vous éviteront certains désagréments plus ou moins courants de la grossesse.

Éviter les blessures Le déplacement de votre centre de gravité et le relâchement de vos ligaments vous exposent à des problèmes d'équilibre et donc à des blessures. Pour les prévenir, continuez les exercices de musculation.

Être confiante Les exercices physiques vous aideront à mieux vivre les examens, la fatigue et les nausées du début de grossesse, et à vous sentir physiquement apte à porter un enfant.

Gérer votre prise de poids Les exercices vous permettent de prendre moins de graisse et de gagner du poids dans les limites recommandées.

Le medicine ball vous permet de faire travailler vos abdominaux en douceur durant votre grossesse.

Alimentation

Vous devriez être enfin libérée des nausées matinales et retrouver du plaisir à manger. Si vous ne constatez pas de changement les premiers jours du deuxième trimestre, soyez patiente ; votre appétit reviendra progressivement dans les semaines qui suivront.

Votre appétit est de retour : c'est le moment de mettre au point une alimentation qui réponde à vos besoins nutritionnels. Une alimentation équilibrée, riche en produits frais, vous apporte une large palette de nutriments essentiels à votre santé et au bon développement de votre bébé.

Vos besoins en vitamines et minéraux sont en général plus importants durant la grossesse. Mais évitez les doses trop élevées, surtout de vitamines A et D (voir p. 48), et surveillez les quantités ingérées.

Sources de vitamine C

Pendant la grossesse, vos besoins en vitamine C doublent. Les meilleures sources de cette vitamine sont :

■ les agrumes et les fruits rouges, fraises et framboises par exemple ;

■ les jus d'agrumes comme le jus d'orange et de pamplemousse (un verre de jus d'orange contient la dose de vitamine C quotidienne nécessaire) ;

■ la papaye, la goyave et le kiwi ;

■ les légumes verts à feuilles comme le chou-fleur, les brocolis et les épinards.

VOS BESOINS NUTRITIONNELS

En prenant de bonnes dispositions pour que vous et votre bébé preniez du poids sainement, vous donnerez au bébé un bon départ dans la vie, et vous resterez en bonne santé pendant et après votre grossesse.

Manger pour deux Vous devez manger davantage mais pas deux fois plus. Pour assurer un bon développement à votre bébé, il vous faut un apport supplémentaire de 300 calories par jour, durant toute la grossesse. Au-delà de ces 300 calories, tout apport supplémentaire est stocké sous forme de graisse.

Deux à quatre portions supplémentaires par jour suffisent à combler vos besoins énergétiques grandissants. Cela correspond, par exemple, à 100 g de fromage blanc maigre (90 calories) et à 100 g de blanc de poulet sans la peau (140 calories). Vous devez aussi tenir compte des aliments grignotés durant la journée : 160 calories pour une poignée de cacahuètes et 160 à 300 calories pour une barre énergétique.

Pour ne pas surestimer les quantités de nourriture supplémentaires nécessaires, vérifiez l'apport en calories de vos aliments préférés et calculez le nombre de portions dont vous avez besoin. Pendant la grossesse, la part de gain de poids réservée à votre corps devrait représenter 2 à 4 kg seulement. Le reste est réparti entre le poids du bébé et son environnement de développement : liquide amniotique, utérus plus grand, placenta, poitrine plus généreuse. La prise de poids moyenne est de 1 à 2 kg au premier trimestre, de 5,5 à 6 kg au deuxième et de 3,5 à 4,5 kg au dernier.

Une prise de poids suffisante pendant la grossesse diminue le risque de donner naissance à un bébé de poids inférieur à la moyenne (2,5 kg). Mais si vous prenez trop de poids, vous risquez de développer du diabète gestationnel (voir p. 110), d'avoir un gros bébé et de conserver ce surpoids après l'accouchement. Et plus vous êtes âgée, plus il vous sera difficile de vous en débarrasser.

Vitamine C La dose recommandée de vitamine C pour une femme enceinte est de 70 mg par jour, soit le double de la dose recommandée en temps normal. Vous pouvez prendre des compléments pour la grossesse tout en adoptant une alimentation riche

Une alimentation bien équilibrée *doit inclure beaucoup de produits frais. Dans la mesure du possible, évitez les plats cuisinés.*

en vitamine C. Cette vitamine, vitale pour diverses fonctions de l'organisme, favorise l'absorption du fer et du calcium, qui sont très importants pour vous et votre bébé. Les fruits et légumes sont la meilleure source de vitamine C (voir page précédente).

CAPRICES ALIMENTAIRES

De nombreuses femmes ont de fortes envies alimentaires pendant la grossesse. Le chocolat et autres sucreries, les glaces, les mets épicés, les fruits et le poisson figurent dans la liste des envies les plus courantes.

La cause de ces envies reste inconnue et les avis des experts varient. Certains prétendent qu'elles sont psychologiques et font partie de notre culture : les femmes seraient conditionnées à guetter ces envies, et finiraient par en avoir. D'autres experts les expliquent par les variations hormonales de la grossesse, notamment par le taux élevé de progestérone, qui provoquerait des envies comparables à celles de la ménopause. Mais cela n'explique pas la diversité de ces envies. On a émis l'hypothèse que l'envie d'un aliment précis indique une carence en certains des nutriments qu'il apporte. Mais cela semble discutable car les sucreries, par exemple, ne contiennent rien d'autre que du sucre.

Les facteurs émotionnels peuvent fournir une autre explication. Face à l'impact énorme de la grossesse sur votre vie, céder à une envie apporte du réconfort, surtout si votre partenaire est tellement dévoué qu'il est prêt à réaliser la moindre de vos envies.

En réalité, personne ne connaît la cause de ces envies mais la plupart des femmes confirment qu'elles existent bien et qu'elles peuvent être parfois irrépressibles. Elles résultent probablement d'une interaction complexe entre les transformations physiques, les comportements acquis et les besoins émotionnels.

Gérer vos envies L'assouvissement de ces envies peut vous réconforter physiquement et moralement. Mais si celles-ci portent sur des aliments riches en calories, en mauvaises graisses et en sucre, il faudra vous restreindre. Vous pourrez facilement freiner vos envies en suivant ces quelques conseils :

■ substituez à votre envie un aliment plus sain. Par exemple, mangez un yaourt allégé bien frais plutôt qu'une glace ;
■ ne sautez pas le petit déjeuner. Cela peut augmenter vos envies ;
■ faites régulièrement des exercices physiques. L'activité freine votre appétit en augmentant le taux de glycémie. De plus, en étant loin de votre cuisine, vous serez distraite de vos tentations ;
■ assurez-vous d'avoir du soutien affectif. La grossesse vous épuise sur le plan moral, surtout si vous devez mener de front votre vie de couple en pleine évolution, votre carrière et votre vie sociale. Il se peut que vous cherchiez du réconfort dans la nourriture, alors qu'un peu de tendresse suffirait.

Envies insolites Certaines femmes ont des envies de produits non alimentaires : glaçons, saleté, peinture, marc de café, craie, etc. C'est le pica, pathologie due à une déficience en fer, bien que les produits répertoriés ci-dessus en soient dépourvus. Si vous éprouvez ce genre d'envie, parlez-en immédiatement à votre praticien. Ces produits peuvent contenir des substances toxiques nocives pour votre bébé.

Suivi prénatal

Les complications sont rares au deuxième trimestre de la grossesse. Ainsi, à moins d'avoir des problèmes médicaux nécessitant un suivi, vous verrez peu votre praticien durant cette période. Toutefois, les visites étant peu nombreuses et espacées, il est utile de connaître les signes avant-coureurs de complications (comme un accouchement prématuré) afin d'appeler un praticien à temps.

À chacune de vos consultations prénatales de ce trimestre (toutes les quatre à six semaines), le médecin ou la sage-femme vérifie votre tension artérielle et vous demande un échantillon d'urine pour contrôler la présence éventuelle de protéines et de sucres. À ce stade de la grossesse, il est rare de trouver des protéines dans vos urines. Si c'est le cas, cela peut être un signe de prééclampsie (voir p. 113). La présence de sucre dans les urines peut être un signe de diabète gestationnel (voir p. 110).

À partir de la 12e semaine, vous pouvez entendre les battements de cœur de votre bébé à l'aide d'un Doppler (portatif). À partir de la 20e semaine, votre praticien peut commencer à mesurer votre utérus avec un mètre ruban pour contrôler la croissance du bébé. Au tout début de ce trimestre, on vous propose de faire un dépistage de la trisomie 21 ou d'autres anomalies chromosomiques (voir plus bas). Si vous avez subi un prélèvement de villosités choriales (PVC) lors du premier trimestre, votre praticien devrait

vous proposer un dépistage isolé des défauts du tube neural (*spina bifida*) en mesurant le taux d'alpha-fœto-protéine (AFP) dans le sang ou avec une échographie. Il devrait également vous prescrire une échographie entre la 18e et la 21e semaine pour voir si le bébé est bien formé.

QUAND APPELER LE PRATICIEN

Vous devriez passer un deuxième trimestre normal, en bonne santé. Toutefois, voici la liste des problèmes qui peuvent survenir et pour lesquels

EXAMENS DU DEUXIÈME TRIMESTRE

Examen	Résultats	Procédure
Amniocentèse (voir p. 80–81)	Diagnostic définitif de la trisomie 18 et 21 ainsi que d'autres anomalies chromosomiques.	Échantillon de liquide amniotique prélevé avec une aiguille guidée par échographie. Les cellules de l'échantillon sont mises en culture et les chromosomes analysés au microscope. Effectué entre la 15e et la 18e semaine.
Test sérique (voir p. 76–77)	Estimation du risque de trisomie 18 et 21.	Échantillon sanguin testé en fonction de trois (triple test) ou quatre (quadruple test) marqueurs biochimiques. Le risque de trisomie 18 ou 21 est calculé en croisant ces résultats avec l'âge de la mère et la date d'accouchement prévue. Test effectué entre la 15e et la 18e semaine.
Échographie (voir p. 78–79)	Détecte plusieurs anomalies, notamment les défauts du tube neural et les anomalies cardiaques.	Échographie détaillée effectuée par un médecin expérimenté ou un échographe. Il déplace la sonde sur le ventre pour voir le fœtus dans l'utérus. Effectuée entre la 18e et la 21e semaine.

vous devez appeler un praticien immédiatement.

Saignement vaginal En cas de saignement vaginal, appelez l'hôpital. Durant la grossesse, la plupart des saignements proviennent du col de l'utérus et ne sont généralement pas graves. Les pertes de sang vaginales surviennent souvent suite à un rapport sexuel : le col de l'utérus présente, à sa surface, de nombreux vaisseaux sanguins fragilisés. Cela ne signifie pas que les rapports sexuels soient nuisibles. En cas de saignement plus important, appelez immédiatement votre praticien. Vous pouvez présenter un *placenta prævia* (placenta implanté devant l'orifice utérin) ou une rupture du placenta (bord du placenta qui commence à se décoller de la paroi utérine). Si vous êtes enceinte depuis plus de 24 semaines et que vous avez des pertes de sang rouge vif dans vos sous-vêtements, appelez votre praticien ou allez à l'hôpital immédiatement.

Augmentation des pertes vaginales Les pertes vaginales augmentent souvent avec la grossesse. Toutefois, si cette augmentation est soudaine et que les pertes sont fines et muqueuses, appelez votre praticien. Dans certains cas, elles peuvent signaler l'ouverture du col de l'utérus (béance du col de l'utérus, voir p. 111).

Pesanteur pelvienne soudaine Il est normal de sentir que la pression du bébé augmente à mesure qu'il grandit. Toutefois, si vous

sentez un poids soudain sur le bassin ou que vous avez constamment envie d'aller à la selle, appelez l'hôpital : cela peut être le signe d'un accouchement prématuré.

Perte d'une quantité importante de liquide clair Si un important flux de liquide clair s'écoule entre vos jambes, appelez l'hôpital immédiatement. Il peut s'agir d'une rupture de la poche amniotique. Ne confondez pas cette perte de liquide avec une simple incontinence passagère (fréquente chez les femmes enceintes).

Diarrhées et douleurs abdominales Si vous avez des diarrhées avec des douleurs abdominales, vérifiez avec votre praticien s'il ne s'agit pas d'un accouchement prématuré.

COMMENCER LES COURS DE PRÉPARATION À L'ACCOUCHEMENT

Vers le milieu du deuxième trimestre, vous pouvez envisager de prendre des cours de préparation à l'ac-

Les cours de préparation à l'accouchement vous préparent au travail. Les techniques de yoga sont parfois utilisées pour vous apprendre à vous détendre.

couchement. Ces cours ne sont pas obligatoires, mais ils vous mettront en confiance si vous êtes angoissée à l'idée d'accoucher. Vous pouvez aussi lire de la documentation, puis poser des questions aux praticiens ou vous adresser directement à un spécialiste de l'accouchement.

Les cours peuvent être utiles à votre compagnon, soulager son anxiété et lui permettre de poser des questions. Ils sont donnés dans le lieu de votre accouchement, ou sous la forme de cours indépendants. Attention : ces derniers sont souvent conçus autour d'une approche spécifique du traitement de la douleur et peuvent être partiaux, notamment sur le traitement médical de la douleur.

Choisissez les cours qui coïncident avec votre propre approche de l'accouchement, mais qui en abordent aussi tous les aspects.

Les tests sériques

Les tests sériques de dépistage du deuxième trimestre se font par simple prise de sang. Ils permettent de déterminer si votre bébé risque de naître avec la trisomie 21 (syndrome de Down), la trisomie 18 ou des anomalies du tube neural (tel un *spina bifida*). Comme tous les autres tests de dépistage, ils ne sont pas obligatoires, et c'est à vous seule que revient la décision de les passer.

À QUOI SERT LE TEST ?

Une prise de sang est effectuée entre la 15ᵉ et la 18ᵉ semaine de grossesse. L'échantillon prélevé permet de mesurer trois substances (« triple test ») ou quatre (« quadruple test ») présentes dans le sang. Le triple test utilise trois marqueurs sanguins : l'alphafœto-protéine (AFP), l'hormone chorionique gonadotrope (HCG) et l'œstriol non conjugué. Le quadruple test inclut un quatrième marqueur, appelé inhibine A.

Les niveaux hormonaux sont alors combinés avec l'âge maternel. Le chiffre qui en résulte exprime le risque de trisomie 21 ou de trisomie 18 chez le fœtus.

Un résultat « positif » ou « à haut risque » ne signifie pas nécessairement que l'enfant est atteint, mais simplement que la probabilité est plus élevée que la normale pour une femme de 35 ans.

Si le test révèle des taux élevés d'AFP, cela signifie que le bébé court un plus grand risque d'avoir une anomalie du tube neural, par exemple un *spina bifida* (voir ci-contre) ou d'autres problèmes. Une prise de sang peut également être faite pour mesurer uniquement le taux d'AFP si vous avez déjà effectué les dépistages du premier trimestre (voir p. 56–57) ou un prélèvement de villosités choriales (PVC, voir p. 58–59), car ces derniers ne permettent pas de détecter les anoma-

Un échantillon sanguin est prélevé entre la 15ᵉ et la 18ᵉ semaine de grossesse, puis envoyé au laboratoire pour analyse, afin d'évaluer le risque de trisomie 21.

Anomalies du tube neural

L'une des substances mesurées par le triple et le quadruple test est l'alphafœtoprotéine (AFP). Un taux élevé d'AFP indique que le bébé peut souffrir d'anomalies du tube neural (tel un *spina bifida*), dues à une malformation de la colonne vertébrale au cours du développement prénatal. La moelle épinière, qui n'est pas protégée, est exposée au liquide amniotique dans l'utérus. Plus l'anomalie se situe près de la tête, plus les problèmes peuvent être graves : présence de liquide dans le cerveau, paralysie des jambes, ou encore absence de contrôle de la vessie et des intestins. Néanmoins, les taux d'AFP sont également élevés en cas de grossesse gémellaire. Si vos résultats indiquent des taux élevés, l'étape suivante consiste à passer une échographie détaillée (voir p. 78-79). Près de 95 % des bébés atteints d'une anomalie du tube neural sont dépistés par échographie.

lies du tube neural ; cependant, de nombreux hôpitaux proposent simplement une échographie.

PRENDRE LA DÉCISION

Plusieurs raisons peuvent vous inciter à faire ce test. Vous avez peut-être omis de faire les dépistages du premier trimestre, soit parce qu'ils n'étaient pas disponibles dans votre région, soit parce que vous avez effectué trop tard votre première visite de grossesse. Ou bien vous avez déjà effectué ces dépistages ou un PVC, mais comme aucun ne permet de détecter une anomalie du tube neural, vous voulez faire ce test. Vous devez néanmoins garder à l'esprit que ce test n'est pas fiable à 100 %, même s'il a l'avantage de ne présenter aucun risque pour le bébé comparé à l'amniocentèse. Beaucoup de femmes pour lesquelles le test est positif donnent naissance à des enfants bien portants. Inversement, un test négatif ne garantit pas la naissance d'un bébé normal.

Fiabilité du test Chez les futures mamans de plus de 35 ans, ce test permet de dépister 80 % des cas de trisomie 21 (ce qui implique un taux d'échec de 20 %). Tout cela dépend du test choisi (triple test ou quadruple test) et de votre âge. Le taux de faux positifs est normalement moindre avec le quadruple test. Si vous avez le choix, mieux vaut y recourir si vous avez moins de 40 ans. Cependant, si vous voulez savoir avec certitude si votre bébé est atteint de trisomie 21, il est préférable de ne pas faire ce test et de procéder directement à une amniocentèse.

INTERPRÉTER LES RÉSULTATS

Même si le test est positif, le risque que le bébé soit atteint e trisomie 21 reste relativement faible. Les résultats vous indiquent le risque exact de trisomie 21 pendant votre grossesse ; comparez ces probabilités avec celles de faire une fausse couche après une amniocentèse. N'oubliez pas que rien ne vous oblige à faire une amniocentèse si les résultats du test sont positifs : c'est à vous et votre compagnon de prendre cette décision. Si le test est négatif, la probabilité que le bébé soit atteint de trisomie 21 est très faible. Dans ce cas, on ne vous proposera pas d'amniocentèse.

RÉSULTATS

■ **Que m'apprennent-ils ?**

Les résultats vous indiquent si le bébé présente un risque élevé ou faible d'être atteint de trisomie 21, ou de toute autre anomalie chromosomique. Ils permettent également d'identifier les risques d'anomalies du tube neural (voir ci-dessus). Comme le calcul tient compte du nombre de semaines de grossesse, le test peut être finalement inexact si la date de vos dernières règles est erronée. Le test est moins précis pour les jumeaux.

■ **Quel est le délai d'attente ?**

Vous devriez les recevoir environ une semaine après avoir passé le test, sous la forme d'un compte rendu que vous expliquera votre médecin.

L'échographie

La plupart des femmes passent trois échographies au cours de leur grossesse. Si vous ne devez en faire qu'une, ce sera probablement entre la 18ᵉ et la 22ᵉ semaine. Les trois objectifs majeurs d'une échographie sont d'établir que le bébé est d'une taille normale pour son âge, de détailler son anatomie, et de contrôler que le placenta et le liquide amniotique ne présentent pas d'anomalies.

L'échographie utilise des ondes sonores pour produire des images de votre bébé dans l'utérus. Ces ondes sont émises par une sonde, puis réfléchies par les tissus solides du fœtus et traduites en images sur un écran. L'échographie fournit de nombreuses informations sur le développement et le bien-être du bébé.

PASSER L'EXAMEN

On vous demande de vous allonger sur le dos, puis on enduit de gel la peau de votre abdomen. Le médecin ou l'échographe déplace ensuite une sonde sur votre ventre, et l'image du bébé apparaît sur l'écran. Une échographie dure entre quinze et vingt minutes, et jusqu'à quatre-vingt-dix minutes

en cas d'échographie détaillée. Cette dernière est pratiquée si des problèmes ont été détectés lors d'une précédente échographie ou de tout autre examen.

IDENTIFIER LE TERME

Le terme est calculé à partir de la date de vos dernières règles. L'échographie permet néanmoins

Ce que révèle l'échographie

Pour un meilleur dépistage des anomalies, en particulier les plus légères, il est préférable de se rendre dans un centre de diagnostic prénatal. La plupart des hôpitaux pratiquent des échographies détaillées s'ils suspectent un problème.

■ **Taille du bébé**

On mesure le crâne, l'abdomen et la longueur du fémur, afin d'établir si votre bébé est d'une taille normale pour son âge.

■ **Cerveau, cœur et autres organes**

Les différents organes sont passés en revue à la recherche d'anomalies, comme la présence de liquide dans

le cerveau ou les malformations cardiaques. Même si aucune anomalie structurelle majeure n'est dépistée, certains signes sont importants, car ils peuvent sensiblement accroître les risques de trisomie 21. Si vous avez déjà fait un PVC ou une amniocentèse, vous pouvez être rassurée. Dans le cas contraire, on vous dirigera vers un centre de médecine fœtale. D'autres problèmes mineurs peuvent être dépistés, comme la présence de liquide dans les reins, signe de dysfonctionnement rénal. Ce problème, appelé reflux urinaire, est plus fréquent chez les garçons et disparaît en général avec l'âge.

■ **Anomalies du tube neural**

Une échographie permet de détecter 95 % des bébés atteints d'anomalies du tube neural, tel le *spina bifida* (voir aussi p. 77).

■ **Mains, pieds, membres et traits du visage**

Certains problèmes physiques (bec de lièvre, pied-bot, etc.) sont dépistés à l'échographie.

■ **Placenta et liquide amniotique**

L'échographie permet de contrôler la position du placenta, afin qu'il ne bloque pas le col de l'utérus (*placenta prævia*, voir p. 113). Elle permet aussi d'évaluer la quantité de liquide amniotique.

de préciser cette date. Si l'examen révèle que votre bébé est plus grand ou plus petit que la normale, le terme sera recalculé.

CONTRÔLER VOTRE BÉBÉ

L'échographie va examiner le fluide situé à l'intérieur du cerveau du bébé, la forme de la face arrière du cerveau, la colonne vertébrale, la lèvre supérieure, le cœur, l'estomac, les reins, la vessie, les bras, les jambes, les mains et les pieds. Elle va également rechercher d'éventuels problèmes structurels, tels qu'une anomalie du tube neural, un bec de lièvre, un pied-bot, une anomalie cardiaque ou cérébrale (voir ci-contre).

L'échographie permet uniquement de détailler l'anatomie du bébé, et non d'évaluer le fonctionnement de tel ou tel organe. Elle ne permet pas de dire si votre bébé aura une intelligence normale, ou si son foie fonctionnera correctement.

Trisomie 21 L'échographie seule ne permet pas d'écarter tout risque de syndrome de Down. Elle peut néanmoins détecter certains signes «faibles», qui peuvent accroître légèrement ce risque. Il convient dans ce cas de procéder à d'autres examens :

■ os des bras ou des jambes courts ;
■ os nasal court ou inexistant ;
■ peau épaisse de la nuque ;
■ présence d'un point clair au niveau du cœur (focus intracardiaque échogénique). Mais cela ne signifie pas forcément que le bébé

encourt plus de risques de souffrir d'une anomalie cardiaque. Les bébés positifs ont en général un cœur parfaitement normal ;

■ présence de liquide dans un des reins ou dans les deux (pyélectasie). Cela peut également être le signe d'un reflux urinaire, trouble sans gravité qui disparaît généralement après la naissance (voir encadré) ;

■ kystes du plexus choroïde (petites cavités situées dans les zones de production du liquide céphalorachidien). Ces kystes ne sont pas rares, et plus de 99 % d'entre eux disparaissent avant la naissance. Si les chromosomes du bébé sont normaux, ces kystes n'ont aucune conséquence sur l'intelligence ou le développement du fœtus ;

■ petit doigt recourbé, présent chez 1 % des bébés normaux mais plus fréquent chez les bébés atteints de trisomie 21.

Si vous avez effectué un test de dépistage du syndrome de Down au premier ou au deuxième trimestre qui s'est révélé rassurant, vous n'avez aucune raison de vous inquiéter si l'un de ces signes est détecté. En revanche, si vous n'avez pas effectué ce test, ou s'il s'est avéré positif et que deux marqueurs ou plus ont été trouvés, on vous dirigera sans doute vers un centre de médecine fœtale afin d'obtenir un second diagnostic. Bien que les risques de trisomie 21 soient relativement faibles, ces résultats peuvent vous faire

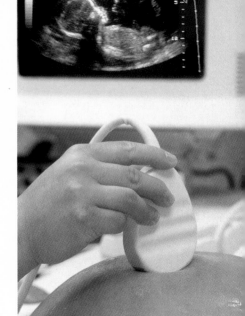

Une échographie à la 20e semaine vous donne une belle image de votre bébé, ainsi que des informations sur sa croissance et son bien-être.

changer d'avis sur l'amniocentèse ou la cordocentèse. Certaines anomalies cardiaques sont plus graves, mais vous serez sûrement soumise à un test cardiaque qui permettra de les diagnostiquer correctement.

GARÇON OU FILLE ?

À moins que votre bébé soit recroquevillé ou que ses jambes soient très serrées, l'échographie devrait permettre de se faire une idée assez fiable de son sexe. Si vous ne voulez pas le connaître, précisez-le à l'échographiste. S'il est simple d'affirmer qu'un bébé est un garçon, un doute peut subsister dans le cas d'une fille, fonction de sa position.

L'amniocentèse

Une amniocentèse permet d'établir avec certitude si votre bébé risque de naître avec une anomalie chromosomique, comme la trisomie 21 ou la trisomie 18, ou avec une anomalie du tube neural. Cet examen est généralement proposé aux femmes de plus de 35 ans, en raison du risque accru d'anomalies chromosomiques à cet âge. Il est effectué entre la 15ᵉ et la 18ᵉ semaine de grossesse.

Dans l'utérus, votre bébé est protégé par le liquide amniotique, situé à l'intérieur du sac amniotique, et qui se compose de l'urine du bébé, ainsi que des cellules de sa peau et de ses voies urinaires. L'amniocentèse consiste à prélever un échantillon de ce liquide. Les cellules fœtales sont isolées, puis cultivées en laboratoire. Lorsque leur nombre est suffisant, les chromosomes qu'elles contiennent (qui portent le matériel génétique) sont analysés. Ce processus peut prendre jusqu'à trois semaines.

PRENDRE LA DÉCISION

Votre praticien abordera avec vous la possibilité de faire une amniocentèse après avoir obtenu les résultats de dépistages effectués au cours du premier trimestre, comme l'examen de la clarté nucale (voir p. 56-57). Vous serez peut-être aussi amenée à faire une amniocentèse si vous voulez savoir avec certitude si votre bébé est atteint ou non de trisomie 21.

Il est essentiel de peser le pour et le contre. Les résultats vous fourniront des informations concrètes, mais l'examen présente un risque de fausse couche de l'ordre de 0,25 à 0,5 % (de 1 sur 200 à 1 sur 400). Certaines femmes sont si déterminées à avoir leur bébé, quels que soient les problèmes, qu'elles préfèrent ne prendre aucun risque inutile. D'autres craignent pour la qualité de vie future de leur bébé et préfèrent savoir avec certitude ce qui les attend. La décision de passer un examen engendrant un risque de perdre le bébé est difficile à prendre. Il revient à chaque couple d'évaluer l'importance des informations que fournit l'amniocentèse.

Si le résultat est positif, ils devront alors décider d'interrompre ou non la grossesse. N'hésitez pas à en parler avec votre praticien, ou votre famille et vos amis proches, voire même avec un expert.

COMMENT L'ENVISAGER

De nombreuses futures mamans ayant fait une amniocentèse déclarent qu'il est plus facile d'envisager l'examen en trois étapes et de se concentrer sur une seule à la fois : tout d'abord, le test lui-même ; ensuite les heures qui suivent le test, lorsque le risque de fausse

---

RÉSULTATS

■ **Quel est le délai d'attente ?**

Un résultat provisoire est généralement fourni dans les jours qui suivent l'examen, mais il faut attendre près de trois semaines pour obtenir un résultat définitif.

■ **Qu'indiquent-ils sur la santé du bébé ?**

L'objectif final d'une amniocentèse est d'écarter toute probabilité que votre bébé soit atteint du syndrome de Down ou d'une autre anomalie chromosomique.

■ **Quelles autres informations une amniocentèse peut-elle fournir ?**

Une amniocentèse permet de dépister d'autres anomalies chromosomiques que le syndrome de Down. On peut aussi l'utiliser pour établir les risques de maladies génétiques telles que la mucoviscidose, bien que cela ne soit pas systématique. Elle permet aussi de connaître le sexe du bébé, si vous souhaitez qu'il vous soit révélé.

couche est le plus élevé ; et enfin, l'obtention du résultat qui peut prendre jusqu'à trois semaines. Faites-vous accompagner de quelqu'un qui pourra vous soutenir lors du test.

QUELS SONT LES RISQUES ?

Le risque de fausse couche qui suit une amniocentèse se situe entre 1 sur 200 et 1 sur 400, mais il diminue à mesure que les heures et les jours passent. Si tout va bien cinq jours après le test, le risque devient très faible. Demandez de l'aide si vous avez des saignements vaginaux, des crampes abdominales, ou si vous perdez du liquide clair.

Déroulement de l'examen

L'amniocentèse ne nécessite pas d'hospitalisation et dure entre vingt et quarante minutes (c'est l'examen échographique qui prend le plus de temps). On conseille ensuite à la patiente de se reposer le reste de la journée.

Pour vous L'examen est réalisé par un médecin, souvent avec l'aide d'un échographe expérimenté, qui s'efforce d'obtenir une image lisible de votre utérus. Le médecin applique un antiseptique sur votre abdomen, puis introduit une aiguille fine dans la cavité amniotique de votre utérus, toujours sous contrôle échographique. Vous ressentirez peut-être quelques crampes lorsque l'aiguille traversera la paroi utérine (comme celles que vous avez durant vos règles). Mais cette ponction est inconfortable plutôt que véritablement douloureuse. Le médecin vous expliquera probablement le déroulement de l'examen et commentera ce qui apparaît à l'écran. Une fois l'amniocentèse terminée, le médecin procédera à un examen détaillé du fœtus pour s'assurer que tout va bien et que vous pouvez rentrer chez vous en toute sécurité.

Pour votre bébé Le fait d'insérer une aiguille dans votre utérus, tout près du bébé, peut être angoissant, mais toutes les précautions sont prises afin d'assurer la sécurité du bébé. Le contrôle échographique permet de suivre l'insertion de l'aiguille dans le sac amniotique à bonne distance du fœtus. Une fois l'aiguille en place, la pointe se rétracte afin d'éviter de blesser le bébé s'il vient à toucher le tube.

L'amniocentèse présente certains risques pour la suite de votre grossesse. Le risque de fausse couche est plus important si des problèmes surviennent pendant l'examen. Si tout se déroule correctement, le risque de perdre votre bébé suite à cet examen est très faible.

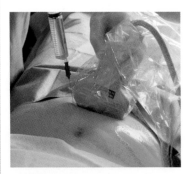

Une aiguille est insérée dans la paroi abdominale par un médecin qualifié. En général, l'examen n'est pas douloureux.

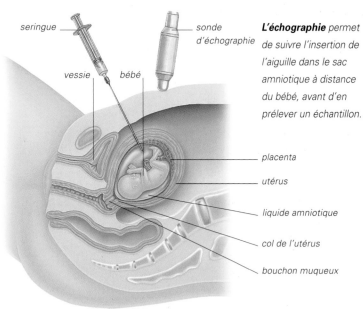

seringue

sonde d'échographie

vessie

bébé

L'échographie permet de suivre l'insertion de l'aiguille dans le sac amniotique à distance du bébé, avant d'en prélever un échantillon.

placenta

utérus

liquide amniotique

col de l'utérus

bouchon muqueux

3ᴱ TRIMESTRE
À quoi s'attendre

Les dernières semaines de grossesse peuvent être très fatigantes. Le poids de votre ventre vous gêne dans vos activités quotidiennes. Il est temps de vous reposer et de garder des forces pour la naissance du bébé.

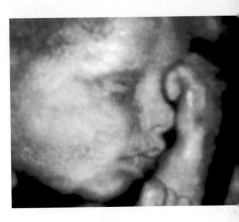

Les traits parfaitement formés du bébé au troisième trimestre apparaissent sur cette échographie en trois dimensions.

CHANGEMENTS PHYSIQUES

Mal de dos, indigestion, jambes enflées, difficultés à dormir, besoin de vider sa vessie toutes les cinq minutes… Tous ces petits soucis sont autant de raisons qui amènent les femmes à compter les jours à l'approche de l'accouchement.

Pour faire face à ces inconforts physiques, essayez d'adapter vos activités quotidiennes à votre état dans les derniers mois, et prenez le temps de « préparer le nid » pour votre bébé. Si ce n'est pas déjà fait, c'est aussi le moment idéal pour planifier avec votre compagnon la répartition des soins du bébé et des tâches ménagères après la naissance.

En restant professionnelle aux yeux de votre employeur jusqu'au dernier jour, et en l'informant de votre départ en congé maternité, vous favoriserez votre retour dans l'entreprise. Néanmoins, essayez si possible d'alléger peu à peu votre charge de travail et de faire souvent des pauses afin de ne pas vous épuiser.

Une activité physique régulière et une alimentation équilibrée peuvent vous aider à bien préparer l'accouchement, à accélérer votre récupération et à éviter certains désagréments de fin de grossesse. Durant ce trimestre, vous devrez passer un test de tolérance au glucose, afin de diagnostiquer tout diabète gestationnel, et un monitoring fœtal, pour surveiller la santé du bébé si votre grossesse est classée « à risque ».

VOTRE BÉBÉ

Durant ce trimestre, votre bébé croît rapidement, et prend jusqu'à 0,25 kg par semaine au cours du dernier mois. Les principaux organes continuent de se développer, et le calcium continue de se fixer dans les os pour les renforcer.

Tandis que votre bébé respire toujours le liquide amniotique, ses poumons se préparent à respirer de l'air. Son cerveau se développe et forme des connexions de plus en plus complexes. L'ouïe s'améliore progressivement et vers la fin du trimestre, votre bébé commence à rêver. Sa tête est recouverte d'un fin duvet de poils et d'une épaisse couche cireuse et blanche appelée vernix.

Le troisième trimestre est un **compte à rebours jusqu'à l'accouchement.** Adaptez vos activités et **gardez des forces** pour la naissance.

Votre corps

Durant les trois derniers mois de grossesse, votre corps change en raison de l'augmentation de la taille et du poids de votre bébé. De nombreuses femmes jugent ce stade particulièrement inconfortable, et les dernières semaines avant l'accouchement leur semblent une éternité. Le bébé appuie sur votre vessie, et vous souffrez sans doute d'indigestion, de difficultés respiratoires et d'autres petits soucis.

LES DERNIÈRES SEMAINES

La fin de la grossesse peut être très pénible à vivre. Toutes celles qui ont déjà été enceintes savent que les dernières semaines mettent leur patience à rude épreuve. Certains inconforts sont particulièrement désagréables, même s'ils n'ont rien d'inquiétant. D'autres changements physiques nécessitent en revanche une attention particulière.

Signes à prendre au sérieux En fin de grossesse, il est fréquent que les pieds et les jambes enflent (voir p. 105) ; en revanche, tout gonflement soudain d'une autre partie de votre corps, comme les mains ou le visage, ou l'augmentation du volume d'une jambe par rapport à l'autre doivent être pris au sérieux. Si l'un de ces signes s'aggrave, consultez immédiatement votre praticien. Une prise de poids rapide en l'espace de quelques jours peut révéler un problème de rétention d'eau. Dans ce cas, demandez rapidement conseil à votre sage-femme.

APPÉTIT

Beaucoup de femmes perdent l'appétit au troisième trimestre, et ce pour plusieurs raisons. D'abord et avant tout, vous éprouvez des difficultés à manger en raison du poids grandissant de votre bébé, qui appuie sur votre estomac. Ensuite, les reflux acides (indigestion, voir p. 101) sont à leur plus haut niveau en fin de grossesse, en raison du taux élevé de progestérone qui relâche la valvule entre l'estomac et l'œsophage, et de la pression accrue provoquée par le volume grandissant de l'utérus. Une alimentation réduite à ce stade de la grossesse est sans danger pour votre bébé. Vous devriez avoir suffisamment de calories pour maintenir une prise de poids normale de votre bébé. Il est conseillé de prendre des en-cas réguliers pour couvrir vos besoins nutritionnels, et de répartir vos repas tout au long de la journée. De plus, veillez à traiter tout symptôme d'indigestion avec des anti-acides.

SOMMEIL

En fin de grossesse, il est souvent plus difficile de dormir la nuit. Tout se passe comme si ces dernières semaines devaient vous préparer aux nuits blanches que vous passerez avec votre nouveau-né. Néanmoins, essayez si possible de vous reposer en vue du marathon de l'accouchement. À ce stade de la grossesse,

Allongée sur le côté, avec des oreillers sous les jambes, vous dormirez mieux la nuit.

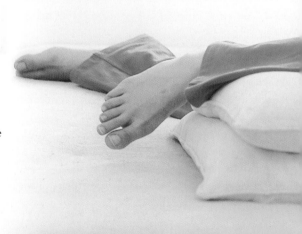

En cas de chute

Au troisième trimestre, vos gestes deviennent parfois maladroits, et les chutes sont plus fréquentes. Il est en général préférable de consulter votre praticien si vous avez fait une chute importante, même si elle ne concerne pas directement votre ventre. Le placenta est fragile à ce stade de la grossesse, et le choc d'une chute peut le détacher de l'utérus. En cas de chute, le praticien vous examinera pendant quelques heures, pour voir si vous n'avez pas de contractions. Il vous prescrira aussi des analyses de sang, pour déceler tout saignement au niveau du placenta. Si vos analyses sont normales, si vous n'avez aucune contraction, et si le monitoring cardiaque du bébé est rassurant, c'est que votre chute n'a causé aucun tort au bébé.

beaucoup de femmes préfèrent dormir à demi allongées sur une chaise confortable.

Pile d'oreillers Pour tenter de mieux dormir, vous pouvez rassembler tous les oreillers de la maison afin de vous créer un petit nid confortable dans votre lit, même si votre compagnon risque de sentir un peu à l'étroit. Faites quelques tentatives et veillez à soigner les reflux acides afin qu'ils ne vous réveillent pas la

nuit. Si cela ne fonctionne pas, pensez à investir dans un oreiller « spécial grossesse » – certaines femmes le trouvent très utile. Essayez aussi de prendre l'habitude de faire plusieurs siestes dans la journée.

DIFFICULTÉS À MARCHER

Beaucoup de futures mamans éprouvent de plus en plus de difficultés à marcher au cours du troisième trimestre. Non seulement votre poids augmente, mais votre bassin change également. À l'approche de l'accouchement, les ligaments du bassin se relâchent et votre bassin devient moins stable. Certaines femmes ressentent une douleur à l'avant du bassin sous les poils pubiens (symphyse pubienne). Cette douleur peut être particulièrement forte chez les femmes qui ont déjà eu plusieurs enfants.

Durant cette période difficile, marchez lentement et demandez de l'aide pour vous asseoir et vous lever. Évitez de faire des acrobaties pour accomplir certaines tâches, comme vous couper les ongles des pieds – faites-vous aider, par un professionnel ou par un proche.

Toutes vos articulations se « relâchent » en fin de grossesse. Elles sont de ce fait plus exposées aux accidents. Si vous faites attention et que vous gardez la tête froide, vous ne devriez pas avoir de problèmes.

Vos émotions

Les efforts que vous devez fournir au troisième trimestre vous épuisent sur le plan physique et mental. Tandis que vous préparez l'arrivée du bébé, vous ressentez peut-être des émotions conflictuelles : l'excitation de le tenir enfin dans vos bras, la peur de l'accouchement imminent, et l'inquiétude de savoir comment vous allez y faire face. Vous devez désormais vous préparer à ce grand événement.

Profitez de ce dernier trimestre pour « préparer le nid » de votre bébé.

ÉCOUTER SON CORPS

À mesure que le bébé grandit et que votre corps change en prévision de l'accouchement, vous risquez de ressentir de nombreux inconforts physiques, même si votre grossesse se passe bien. Mal de dos, jambes et pieds enflés, troubles gastriques, nuits agitées et maladresse peuvent transformer les tâches les plus simples en de véritables corvées.

Même si vous êtes physiquement épuisée, il vous reste beaucoup de choses à faire avant la naissance du bébé, et vous risquez de vous sentir frustrée par vos capacités limitées. Essayez d'être réaliste quant à vos attentes. Il est naturel de ne pas être aussi énergique et efficace à ce stade de la grossesse. Ne culpabilisez pas.

Définir les priorités Cela peut vous aider de dresser la liste des priorités. Concentrez-vous sur les choses essentielles à accomplir avant la naissance du bébé, comme les cours de préparation à l'accouchement et les examens médicaux, votre valise pour la maternité et la garde des autres enfants pendant votre séjour à l'hôpital. À votre retour, vous aurez besoin d'un certain nombre d'articles pour bébé, comme un siège-auto, des couches, des vêtements, et un landau pour être mobile dès le départ. Tout le reste peut être acheté et organisé après la naissance du bébé.

Concentrez-vous également sur des activités que vous prenez plaisir à faire, comme acheter des vêtements ou des jouets pour le bébé, et préparer sa chambre pour son arrivée. Si la « préparation du nid » vous apporte de la joie et vous distrait des douleurs dont vous souffrez, faites-vous plaisir, mais sans trop d'efforts.

Maman solo

Ces derniers mois peuvent s'avérer très difficiles sur le plan affectif si vous êtes mère célibataire. En assistant aux cours de préparation à l'accouchement, et en ressentant l'habituelle fatigue de la fin de grossesse, vous avez sans doute le sentiment que vous devez tout gérer seule, depuis les décisions médicales jusqu'à la layette de votre bébé, en passant par les problèmes financiers et professionnels.

Si ce n'est pas déjà fait, choisissez une personne de confiance pour vous soutenir jusqu'à la naissance du bébé. Veillez surtout à limiter vos obligations quotidiennes et à vous reposer.

Du repos Ce troisième trimestre — et sans doute aussi la naissance — se déroulera d'autant mieux si vous êtes reposée et détendue, tant sur le plan physique que mental. Avoir un bébé demande beaucoup d'énergie, et votre corps risque de subir le contrecoup plus vite que celui d'une femme plus jeune, en particulier si vous n'étiez pas au mieux de votre forme avant la naissance. Cependant, peu de femmes sont parfaitement reposées au moment de la naissance de leur bébé : si vous n'avez pas le temps de vous reposer un peu chaque jour, ne vous inquiétez pas : c'est sans danger pour le bébé.

Acheter des vêtements adaptés En fin de grossesse, il semble déraisonnable d'acheter de nouveaux vêtements. Néanmoins, en raison des inconforts physiques et de la difficulté grandissante à vous mouvoir, il est important de porter des vêtements confortables et bien ajustés, afin de vous sentir bien dans votre corps. Pour rentabiliser au mieux vos achats, choisissez des vêtements qui facilitent l'allaitement, si vous avez l'intention d'y recourir.

SE PRÉPARER À L'ACCOUCHEMENT

Il est normal à ce stade de se focaliser sur l'accouchement, et de ressentir de la peur et de l'angoisse à l'approche du grand événement, même si ce n'est pas votre premier bébé. Mieux vous serez préparée émotionnellement et mentalement, plus vous serez confiante le moment venu. Lisez tout ce que vous pouvez sur le processus du travail, pour vous familiariser avec les différents stades (voir p. 124-125) et avoir une idée de ce qui vous attend. Essayez de trouver des postures qui vous sont confortables et de pratiquer des exercices de respiration, pour vous aider à mieux gérer les contractions.

Veillez à informer votre compagnon de vos souhaits concernant l'accouchement, notamment les techniques médicales auxquelles vous souhaitez que l'on recoure et celles que vous voulez éviter, l'endroit et la manière dont vous voulez accoucher, et les façons dont il peut vous aider pour que vous vous sentiez bien le moment venu. Vous serez ainsi rassurée à l'idée de recevoir tout le soutien dont vous aurez besoin pendant l'accouchement.

Fiez-vous à votre corps N'oubliez pas que vous n'êtes pas la première femme au monde à accoucher. Depuis des siècles, des milliards de femmes ont vécu cette expérience, sans l'expertise et l'assistance médicale dont vous bénéficiez aujourd'hui.

Le corps de la femme se développe de façon à pouvoir donner la vie : votre instinct saura vous guider si votre cerveau est incapable de gérer la situation. Vous êtes biologiquement prête pour l'accouchement, même si vous n'en êtes pas persuadée. Fiez-vous à votre corps et à sa capacité innée à mettre un enfant au monde.

la peur se mêle à l'excitation quand approche le moment d'accoucher et de voir enfin votre bébé

Prenez soin de vous À ce stade, vos émotions sont souvent complexes et changeantes. Prenez donc le temps de vous occuper de vous et de réfléchir à ce dont vous avez le plus besoin : un peu d'intimité pour lire un bon livre ou réfléchir à votre futur bébé, ou bien quelques moments à partager avec vos amis.

Votre couple

À moins d'avoir déjà eu un enfant, les trois derniers mois de grossesse sont également vos derniers mois à deux, alors profitez-en pleinement avant de commencer un nouveau chapitre de votre vie. C'est aussi le moment de vous préparer à l'arrivée du bébé : cours de préparation à l'accouchement, achats pour le bébé, et projet d'accouchement en lui-même.

Après la naissance du bébé, vous et votre compagnon devrez tenir compte des besoins d'un nouveau membre de la famille. La dynamique de votre vie quotidienne en sera bouleversée, en particulier les premiers mois, lorsque votre bébé demandera toute votre attention et que vous devrez apprendre à vous occuper de lui.

Ces dernières semaines de grossesse sont l'occasion de partager avec votre compagnon des moments privilégiés, de profiter des sorties que vous devrez restreindre à la naissance du bébé : dîner au restaurant, visiter des musées, partir pour un week-end romantique, aller au cinéma, ou simplement prendre le temps de discuter (la plupart de vos discussions tourneront ensuite autour du bébé). Pensez à la manière dont votre rencontre a changé votre vie, et imaginez comment l'arrivée de votre bébé va à nouveau la bouleverser.

SE PRÉPARER ENSEMBLE

En ce moment, vous êtes sûrement partagée entre l'excitation de tenir enfin votre bébé dans vos bras, et l'incertitude concernant le déroulement de l'accouchement, sa durée, et la souffrance qu'il engendre.

Les hommes s'inquiètent souvent de leur capacité à vraiment vous aider durant l'accouchement, et se demandent comment ils vont réagir à la naissance du bébé. Les parents plus âgés craignent souvent de ne pas avoir un bébé normal. Si c'est votre première grossesse, il est important que votre compagnon et vous puissiez parler ouvertement de vos attentes et de vos craintes. Faites-lui part de vos appréhensions au sujet de l'accouchement et écoutez son point de vue. Vous n'êtes pas obligée d'affronter seule cette situation, et

lui n'a pas à vivre seul avec ses peurs : vous pouvez très bien faire face ensemble.

En participant tous les deux aux cours de préparation, vous ferez plus facilement de la naissance imminente de votre bébé une réalité, et vous vous préparerez à l'accouchement et à votre nouveau rôle de parents. Sachez néanmoins que la manière dont vous envisagez les choses dans les heures et jours après la naissance ne correspondra peut-être pas à celle de votre compagnon. Par exemple, vous voudrez peut-être qu'il reste

bien préparer l'accouchement avec votre compagnon vous mettra en confiance

auprès de vous, alors qu'il aura prévu de retourner au travail pour annoncer la nouvelle à ses collègues. Discuter et clarifier aujourd'hui les besoins de chacun vous permettra d'affronter ensemble ce tournant important de votre vie.

Le rôle du futur papa Comme vous avez besoin de toutes vos forces pour assurer la croissance du bébé, il est important que votre compagnon s'occupe des derniers préparatifs. Certains hommes commencent alors à s'investir pleinement pour le futur bébé, et cela peut être une étape difficile.

Il est important que votre compagnon s'implique dans les soins à donner au nouveau-né. Devenir parents demande beaucoup de temps et d'énergie. Si vous continuez tous les deux à travailler, il est vital que votre compagnon s'investisse pleinement dans son rôle de père, afin que vous puissiez continuer à vous investir dans votre travail. Tenez-vous prête à l'aider à s'adapter aux nouvelles obligations, par exemple en le faisant participer aux derniers préparatifs.

Après la naissance, certains pères ont du mal à s'occuper de leur bébé. Donnez à votre compagnon des indications claires et concrètes sur vos attentes. Accordez-vous dès aujourd'hui sur les tâches qu'il devra accomplir – vous pouvez éventuellement les mettre par écrit afin de vous en souvenir après la naissance du bébé. Personne n'aime les tâches ménagères, et les sujets de plaintes et de discordes seront inévitables. Néanmoins, une répartition claire et équitable des tâches doit être établie, avec un minimum de renégociation.

La date de l'accouchement est souvent imprévisible. Un bébé, peut naître avec deux semaines d'avance ou de retard, et être considéré comme né à terme. Si vous voulez que votre compagnon assiste à l'accouchement, dites-lui clairement que sa présence est requise le plus tôt possible. Beaucoup de futures mères se sentent rassurées à l'idée de savoir que leur compagnon sera à leurs côtés. Demandez-lui qu'il s'organise à l'avance s'il doit quitter son travail.

IMPLIQUER VOS ENFANTS

Les derniers mois de grossesse sont le moment idéal pour préparer vos aînés à l'arrivée du bébé. Vous éviterez toute rivalité en demandant à chacun de s'occuper du nouveau venu (la demande doit être faite plusieurs fois aux plus jeunes) et en sollicitant l'avis des aînés sur le choix des vêtements, des couvertures et des jouets. Vous pouvez prévoir un cadeau pour votre enfant, que vous lui remettrez le jour de la naissance du bébé, afin de le remercier d'être une grande sœur ou un grand frère si attentionné.

Rassurer votre enfant Gardez à l'esprit que les jeunes enfants ont tendance à régresser juste avant l'accouchement, dans le but d'attirer votre attention. Au troisième trimestre, votre bambin peut refuser de

Encouragez votre enfant à se comporter en grand frère ou grande sœur responsable. Il se montrera alors protecteur et attentionné envers le nouveau-né, au lieu de tomber dans la jalousie et le ressentiment.

venir dans vos bras, puis réclamer des câlins pour se faire pardonner. Rassurez-le et évitez d'insister pendant cette période sur les apprentissages, par exemple celui de la propreté.

Les enfants ont besoin de repères, et ils voudront savoir qui s'occupera d'eux pendant votre absence, qui viendra les accompagner et les chercher à l'école, qui préparera leurs repas, et s'ils pourront venir vous voir, vous et le bébé, à l'hôpital ou à la maternité. Ils ont aussi besoin de savoir quand vous rentrerez à la maison après la naissance. N'hésitez pas à solliciter l'avis des aînés, et laissez-les participer activement à l'organisation.

Si votre enfant est susceptible d'être présent lors de l'accouchement, essayez de le préparer à ce qu'il pourrait voir ou entendre. Expliquez-lui que vous allez probablement souffrir, mais que cela est parfaitement normal, et qu'il n'y a aucune raison de s'inquiéter.

Votre carrière

En fonction de votre état de santé général et de votre niveau de stress au quotidien, ce dernier trimestre de grossesse peut s'avérer très pénible, mais aussi particulièrement excitant, à mesure que l'échéance approche. Votre bien-être physique et affectif régit la manière dont vous allez aborder les derniers mois de travail, mais dans tous les cas, essayez de réduire votre charge de travail et de planifier votre congé maternité.

Quelle que soit la manière dont se déroule votre grossesse, vous devez garder à l'esprit deux objectifs durant vos derniers mois de travail. Tout d'abord, veillez à rester professionnelle et à partir dans de bonnes conditions, afin que votre employeur et vos collègues soient heureux de vous revoir à votre retour. Ensuite, réduisez votre charge de travail et votre niveau de stress afin d'avoir le temps de vous préparer physiquement et émotionnellement à l'arrivée du bébé.

GARDER LE CONTRÔLE

Durant les derniers mois de travail, vous devez continuer à faire preuve de professionnalisme. Même si les dernières semaines de grossesse sont difficiles sur le plan physique, et que vous pensez plus à la naissance imminente de votre bébé qu'à votre travail, l'impression que vous donnez est importante pour préparer votre retour dans l'entreprise. Votre attitude dans les semaines qui précèdent votre congé maternité peut plus tard vous valoir des options favorables, comme des horaires de travail aménagés, généralement réservés aux employés de confiance.

Il arrive parfois que des collègues et des employeurs doutent de votre capacité à travailler en fin de grossesse. Certains projets importants peuvent être attribués à des collègues, ce qui vous fait manquer des

commencez à **céder** certaines de vos responsabilités avant votre départ

occasions d'avancement. Si vous pensez pouvoir raisonnablement gérer un projet dans votre domaine de compétences, insistez pour l'obtenir. Si votre grossesse se passe bien, il n'y a aucune raison d'être moins favorisée que lorsque vous n'étiez pas enceinte.

PLANIFIER VOTRE DÉPART

Si vous en avez la possibilité, optez pour des projets que vous pourrez mener à bien avant votre départ en congé maternité. Si vous travaillez au sein d'une équipe, faites-vous confier les tâches que vous pourrez mener à bien avant de partir. En remplissant seule la mission qui vous a été assignée, vous augmenterez vos chances d'être reconnue comme il se doit pour votre contribution, même durant votre congé.

Congé maladie pendant la grossesse

Si vous n'êtes pas en mesure de travailler en raison d'un problème pathologique lié à votre grossesse, votre employeur est tenu de vous rémunérer. Néanmoins, si vous devez interrompre votre travail pour des raisons médicales dans les six semaines qui précèdent votre accouchement, vous êtes obligée de faire commencer votre congé maternité (vous pouvez en fait le faire commencer huit semaines avant l'accouchement). Votre employeur doit différencier un congé pathologique d'un arrêt maladie normal, car il serait discriminatoire de tenir compte d'un arrêt lié à votre grossesse pour calculer la durée de votre congé maladie, par exemple dans votre évaluation professionnelle ou en cas de licenciement.

Contrôler votre charge de travail Il est essentiel d'établir un équilibre entre votre vie professionnelle et les nécessités de votre grossesse dans les semaines qui précèdent la naissance du bébé. Devenir mère n'est pas de tout repos, et vous avez besoin de toutes vos forces pour y faire face. Vous ne parviendrez à rester professionnelle et à fournir jusqu'au bout un travail de qualité qu'en contrôlant votre charge de travail.

Communiquer vos dates de congé La plupart des gens n'aiment pas vivre dans l'incertitude. Votre employeur et vos collègues apprécieront d'être informés de vos dates de congé maternité, en particulier s'ils sont directement concernés par votre charge de travail, qui leur incombera durant votre absence. Communiquez à votre entourage professionnel la durée de votre indisponibilité, afin qu'ils puissent s'organiser dans les mois à venir. Cela leur laissera également le temps de transférer vos responsabilités à d'autres personnes.

Faites preuve de gratitude La grossesse est un événement tellement prenant que vous risquez de ne plus faire attention à la manière dont il affecte votre entourage. Vos collègues devront probablement reprendre une partie de votre travail durant votre absence. Ils apprécieront que vous vous montriez reconnaissante.

La manière dont vous manifesterez votre gratitude ne tient qu'à vous. En prononçant quelques mots de remerciement, ou en les informant de l'état d'avancement d'un projet, vous ferez peut-être toute la différence.

UN DÉPART MAÎTRISÉ

En fonction du poste que vous occupez dans l'entreprise, vous allez devoir choisir quelqu'un pour reprendre les projets en cours durant votre absence. Cela peut être une personne qui connaît bien vos dossiers, et qui deviendra le point de contact pour toutes questions ou tous problèmes qui vous sont habituellement adressés. Veillez à bien l'informer et à lui fournir des instructions claires.

Ne donnez vos coordonnées personnelles qu'à une seule personne : vous apprécierez sans doute d'avoir un peu d'intimité et de repos une fois de retour chez vous avec votre bébé. Les appels téléphoniques en provenance de votre lieu de travail risquent de vous déranger. Signalez à vos collaborateurs qu'une personne dispose de vos coordonnées, et veillez à ce qu'ils comprennent que vous ne souhaitez être contactée que par elle.

De hautes responsabilités *Les femmes qui occupent un poste important dans leur entreprise ont souvent besoin de rester à leur meilleur niveau jusqu'à leur départ.*

Activités physiques

En fin de grossesse, vous vous sentirez lourde et fatiguée, et une fois votre bébé positionné pour la naissance, vous aurez du mal à marcher, et plus encore à faire de l'exercice. Mais persévérez si vous le pouvez : une activité physique pratiquée jusqu'à la fin de la grossesse a des effets bienfaisants indéniables.

Votre corps est extrêmement sollicité en ce moment. En fin de grossesse, votre cœur pompe une fois et demie la quantité de sang normale, et a quinze battements de plus par minute si on le compare à son rythme d'avant la grossesse. En cas de complications ou de grossesse multiple, vous êtes parfois amenée à arrêter certaines activités au troisième trimestre. Essayez néanmoins de persévérer, sous la surveillance de votre praticien.

EXERCICES RECOMMANDÉS

Le poids du bébé et la restriction de vos mouvements peuvent limiter le type d'exercices que vous pouvez pratiquer. Tous les sports d'eau, la natation en particulier, sont idéaux : ils favorisent la circu-

lation sanguine, et l'eau peut vous faire oublier vos kilos.

SPORT ET SÉCURITÉ

Quelques mesures de sécurité vous permettront de prendre soin de vous et de votre bébé durant l'exercice.

Choisir une activité sûre Les exercices et sports violents sont interdits durant ce trimestre. Le poids du bébé exerce une pression sur vos os et vos muscles, notamment dans le bas du dos, et sur les muscles du bassin, qui se relâchent en prévision de l'accou-

---

Bienfaits de l'exercice

L'activité physique peut améliorer votre bien-être au cours du troisième trimestre.

■ **Jambes et chevilles enflées**
Le gonflement est dû à une mauvaise circulation et à un métabolisme ralenti. L'exercice physique, en particulier la natation, peut vous soulager.

■ **Constipation** L'exercice accroît votre métabolisme basal, et améliore le transit intestinal.

■ **Accouchement et récupération**
La pratique régulière d'une activité physique vous permettra d'accoucher plus facilement et de récupérer plus rapidement après la naissance.

chement. Les enzymes qui assouplissent votre bassin assouplissent également d'autres articulations, plus exposées aux accidents. Évitez des sports comme l'aérobic ou le jogging, que vous pouvez remplacer par exemple par de la marche rapide.

Levez le pied Votre activité physique doit vous tonifier et vous détendre. Si ce n'est pas le cas, c'est que vous forcez trop. Écourtez ou sautez votre séance si vous êtes fatiguée.

Évitez les sports à risque Tout choc au niveau du ventre peut constituer un danger pour le bébé. Évitez donc les activités comportant des risques de chute, les sports de contact, les sports extrêmes et les jeux de balle. Ces sports demandent équilibre et coordination, et sont contre-indiqués. En fin de grossesse, votre corps doit supporter une charge supplémentaire de 18 kg, largement concentrée à l'avant de votre corps : votre centre de gravité s'en trouve modifié.

La natation est idéale en fin de grossesse. Dans l'eau, vous vous sentirez plus légère et plus détendue.

EXERCICES AU TROISIÈME TRIMESTRE

Activité	Bienfaits et conseils	Fréquence et durée
Natation	Nagez en faisant de grands mouvements de brasses, ou essayez simplement de flotter sur le dos. Pour pratiquer cette activité relaxante, cherchez un maillot de bain pendant l'été ; il sera plus difficile d'en trouver un plus tard.	Idéalement tous les jours ou au moins quatre fois par semaine, pendant vingt à trente minutes.
Aquagym	Les séances d'aquagym vous offrent la possibilité de pratiquer en douceur une activité physique régulière, à une période où vous n'êtes pas forcément très motivée pour faire de l'exercice. C'est un bon substitut à l'aérobic.	Trois ou quatre fois par semaine, si possible. Si les séances durent plus de trente à quarante-cinq minutes, arrêtez-vous avant d'être trop fatiguée.
Séances de vélo incliné	Alors que votre ventre continue de s'arrondir, un vélo incliné est sûrement plus confortable qu'un vélo classique. En cas de vertiges, arrêtez.	Plusieurs fois par semaine, si possible. Si c'est votre seule activité, faites des séances de vingt à trente minutes.
Taï chi	Les mouvements lents et fluides du taï chi sont parfaits au troisième trimestre. Ils vous aident à vous détendre et à préserver votre énergie pour la naissance du bébé.	L'idéal est de pratiquer cette activité dix à trente minutes tous les jours, deux à trois fois par semaine.
Exercices de Kegel	Les exercices de Kegel font travailler les muscles du plancher pelvien, qui se relâchent ainsi pendant l'accouchement et se contractent complètement ensuite. Pour savoir quels muscles contracter, marquez une pause lorsque vous urinez. Vous pourrez ensuite travailler ces muscles n'importe où.	Pour de meilleurs résultats, entraînez-vous plusieurs fois par jour, par exemple quand vous attendez à un feu rouge. Faites cinq séries de dix contractions, pas plus, car ces muscles se fatiguent vite.

Alimentation

À mesure que les besoins nutritionnels du bébé augmentent, vous risquez de développer des carences : votre corps tend à couvrir les besoins du bébé avant les vôtres. Un régime équilibré tout au long de votre grossesse vous apportera chaque jour les calories nécessaires pour couvrir tous vos besoins nutritionnels, ainsi que ceux du bébé.

Au troisième trimestre, un régime alimentaire équilibré, assorti de suppléments vitaminés, vous aidera à mieux répondre aux besoins nutritionnels de votre bébé. Il est particulièrement important que vous absorbiez suffisamment de calcium et de vitamines B – en plus des autres vitamines et minéraux essentiels pour vous et votre bébé (voir p. 48 et p. 72).

À ce stade de la grossesse, vos journées sont sûrement bien remplies, et vous n'avez peut-être pas toujours le temps de faire la cuisine. Mais veillez à ne pas sauter de repas, afin de préserver votre équilibre énergé-

tique. Vous devez consommer des aliments de chaque groupe (produits laitiers, légumes, viandes et poissons, fruits et céréales). En cas de brûlures d'estomac ou de ballonnements, mangez moins lors des repas, et optez pour des en-cas réguliers. Préférez les aliments très nutritifs à ceux qui sont riches en calories. Le meilleur moyen de limiter votre prise de poids pendant votre grossesse est de manger équilibré, et de rester aussi active que possible. Si vous pensez avoir pris trop de poids, résistez à la tentation de limiter votre alimentation de manière trop importante sans suivi médical. Demandez conseil à votre praticien pour consulter un nutritionniste qualifié.

VITAMINES
ET MINÉRAUX

Une alimentation équilibrée vous apporte les vitamines et minéraux nécessaires à votre santé et à la croissance du bébé. Au troisième trimestre, votre

La salade de fruits, riche en vitamines, constitue un en-cas équilibré. Nappez-la de yaourt pour le calcium.

bébé va atteindre son poids de naissance. Ses besoins en vitamines du groupe B et en calcium, essentiels au bon développement de son squelette et de son système sanguin, vont donc augmenter. Ces substances sont aussi essentielles pour votre santé.

Vitamines du groupe B Les vitamines B_1 (thiamine), B_2 (riboflavine), B_3 (niacine), B_6, B_{12}, l'acide pantothénique et l'acide folique (voir p. 22) sont des vitamines du groupe B. Présentes dans les aliments, elles régulent l'activité nerveuse de votre organisme et aident à libérer l'énergie des aliments. Les vitamines B_6 et B_{12} jouent un rôle important dans la formation des globules rouges.

Ces deux vitamines sont également essentielles pour extraire les nutriments des aliments que vous consommez, et assurent le développement et le bon fonctionnement du système nerveux. Pour couvrir vos besoins en vitamines B, mangez des aliments complets, ainsi que des céréales et du riz. La viande, le poisson, la volaille et les produits laitiers sont les seules sources de vitamines B_{12}. Si vous êtes végétalienne, vous devez prendre des suppléments.

Calcium Assurez-vous que vos apports en calcium restent importants tout au long de votre grossesse, en particulier dans les dernières semaines, car il favorise le développement des os et des dents du bébé. Il est également primordial pour votre santé, car il contribue à la solidité des os et vous protège à terme contre l'ostéoporose. Si vous n'en

nent seulement 40 à 200 mg de calcium, et les suppléments de calcium moins d'un tiers de l'AJR. Si vous prenez un supplément, vous devrez tout de même consommer des aliments riches en calcium.

BOISSONS

Boire beaucoup, et de préférence de l'eau, joue un rôle dans l'apport en nutriments, l'élimination des déchets et la fabrication du système sanguin et des cellules de votre bébé. Votre urine doit être de couleur jaune

les nutriments sont essentiels à la croissance du bébé et à votre santé à tous les deux

consommez pas suffisamment pendant votre grossesse, il sera puisé dans vos réserves osseuses au profit de votre bébé. Mangez au moins trois portions de produits laitiers par jour. Les céréales complètes, les légumes verts, les œufs et les noix constituent également une bonne source de calcium (voir encadré).

Suppléments L'apport journalier recommandé (AJR) en vitamines B pendant la grossesse est le suivant : B_1, 1,5 mg ; B_2, 1,6 mg ; B_3, 17 mg ; B_6, 2,2 mg ; acide folique, 400 µg ; B_{12}, 2,2 µg. En général, les vitamines prénatales en contiennent suffisamment.

L'AJR en calcium pendant la grossesse est de 1 200 à 1 500 mg. Les vitamines prénatales contien-

pâle. Si elle est de couleur sombre ou jaune vif, c'est que vous ne buvez pas assez d'eau.

LUTTER CONTRE LES MISÈRES DE LA FIN DE GROSSESSE

Votre alimentation peut vous aider à gérer certains soucis de fin de grossesse (voir p. 100-107). Par exemple, en cas de constipation et d'hémorroïdes, mangez des aliments riches en fibres, comme des céréales ou des fruits secs. Prenez vos repas à heure fixe, et buvez de l'eau tout au long de la journée.

En cas de diabète gestationnel, suivez les conseils diététiques prodigués par votre médecin ou votre nutritionniste.

Sources de B_6 et B_{12}

Les vitamines B_6 et B_{12} jouent un rôle important dans la formation des globules rouges. Les aliments suivants sont riches en vitamine B_6 :

- bœuf et porc ;
- poisson et volaille ;
- pain et riz complets ;
- pommes de terre (avec la peau) ;
- jaunes d'œuf ;
- bananes ;
- jus de carottes et pruneaux ;
- noix et beurre de cacahuètes ;
- pois chiches.

Les aliments suivants sont riches en vitamine B_{12} :

- porc, agneau et bœuf ;
- œufs et produits laitiers ;
- poisson blanc et saumon ;
- céréales vitaminées.

Sources de calcium

Le calcium est nécessaire à la formation du squelette et des dents du bébé, et au maintien de votre ossature. Les aliments suivants sont une bonne source de calcium :

- produits laitiers ;
- sardines et saumon ;
- graines de soja et tofu ;
- amandes, noisettes et noix du Brésil ;
- graines de sésame.

Il y a aussi du calcium dans certains légumes verts, dans les oranges et dans les figues sèches.

Suivi prénatal

Au cours des trois derniers mois, attendez-vous à devoir consulter plus fréquemment votre médecin ou votre sage-femme. À ce stade critique de la grossesse, il est important de procéder à des examens complets, car des problèmes peuvent survenir. Ces visites ont pour but de vérifier que vous et votre bébé allez bien, et de déceler rapidement toute complication.

À ce stade de la grossesse, vous devez en général consulter toutes les deux ou trois semaines. Entre la 36ᵉ semaine et la date de l'accouchement, le nombre de visites va augmenter en fonction de votre état de santé. Au troisième trimestre peuvent être diagnostiqués une prééclampsie (voir p. 113) ou d'autres soucis liés à votre placenta, pouvant entraîner un ralentissement de la croissance du bébé. Certains examens seront prescrits lors de vos visites de contrôle.

VISITES DE CONTRÔLE

On mesure votre tension artérielle et votre poids, et on analyse votre urine à chaque visite. Une hypertension artérielle peut apparaître en cours de grossesse, et dans certains cas, elle est le signe d'une prééclampsie. Votre médecin analyse votre urine à la recherche de protéines et de glucose. Un taux élevé de protéines peut révéler une prééclampsie, et un excès de glucose un diabète gestationnel (voir p. 110).

Poids Votre médecin ou votre sage-femme va contrôler votre poids. Une prise de poids excessive peut entraîner des complications en fin de grossesse (mais votre poids ne reflète en rien la croissance de votre bébé).

Analyses de sang Au troisième trimestre, on procède à quelques analyses de sang, mais pas à toutes systématiquement. En cas de risque de diabète gestationnel (plus

---

EXAMENS DU TROISIÈME TRIMESTRE

Examen	Quand	Procédure et résultats
Analyses de sang	Vers 28 semaines	On prélève un échantillon sanguin pour s'assurer que vous ne souffrez pas d'anémie et pour contrôler vos anticorps, surtout si vous êtes de rhésus négatif (on l'effectue parfois en même temps que le test de tolérance au glucose).
Analyses d'urine	À chaque visite	L'échantillon est analysé pour déterminer la présence de protéines, signe d'une prééclampsie (voir p. 113), et de glucose, qui peut révéler un diabète (voir p. 110).
Test de tolérance au glucose	28 semaines, si nécessaire	L'échantillon sanguin est prélevé juste avant l'absorption d'une boisson sucrée, puis une à deux heures après. Les résultats indiquent si vous souffrez de diabète gestationnel (voir p. 110).
Monitoring cardiaque fœtal	Vers 32 semaines, si nécessaire	On mesure le rythme cardiaque du bébé et les contractions utérines (en cas de grossesse à risque ou de complications affectant la circulation sanguine dans le placenta).

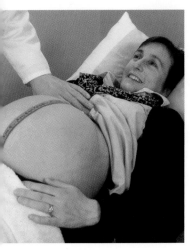

Mesurer votre abdomen est un bon moyen pour votre praticien de contrôler la croissance de votre bébé.

fréquent chez les femmes de plus de 35 ans), vous devrez passer un test de tolérance au glucose.

Pour ce test, on vous demande de boire une solution très sucrée. On procède à un prélèvement sanguin une à deux heures plus tard, afin d'évaluer votre niveau de glucose. Un résultat inférieur à 7,8 g/l est tout à fait normal. Un test positif permet d'identifier les femmes qui souffrent d'intolérance au glucose. Si tel est votre cas, vous devrez contrôler régulièrement votre taux de sucre jusqu'à la naissance du bébé.

Si vous avez souffert d'anémie au deuxième trimestre, on prélèvera également un échantillon sanguin afin de vérifier si vous avez bien récupéré. Le cas échéant, votre praticien vous prescrira des suppléments de fer.

Enfin, un prélèvement sanguin permettra de contrôler si vous n'avez pas développé d'anticorps

pouvant affecter la numération sanguine du bébé. Cet examen est très important si vous êtes de rhésus négatif.

Si c'est le cas, en cas de traumatisme au cours de la grossesse, vous recevrez une injection d'anticorps anti-D, qui empêchent le développement d'anticorps destructeurs chez la mère.

CROISSANCE DU BÉBÉ

À chaque visite, on surveille la croissance du bébé en mesurant votre utérus. Cette mesure est appelée hauteur utérine. Elle doit être en général égale en centimètres au nombre de semaines de grossesse (après 20 semaines). En cas de doutes, votre praticien vous prescrira une nouvelle échographie.

MONITORING DU BÉBÉ

Si les tests décrits précédemment visent à s'assurer du bon déroulement de votre grossesse, d'autres ont pour but de contrôler le bien-être du bébé dans votre utérus.

Contrôle des mouvements du bébé On s'assure que votre bébé bouge correctement. Si vous sentez qu'il bouge sans arrêt, il n'est pas nécessaire de procéder à cet examen. Mais les femmes sont souvent incapables de dire si leur bébé bouge bien. Ce test est un bon moyen de les rassurer. Chaque jour, comptez les mouvements du bébé jusqu'à dix et notez l'heure une fois arrivée à dix. Cette heure doit être à peu près identique chaque jour. Si vous n'avez senti aucun mouvement

à l'heure habituelle, contactez immédiatement l'hôpital.

Monitoring cardiaque fœtal

Le monitoring cardiaque et la mesure du bien-être fœtal permettent de contrôler si votre bébé reçoit suffisamment de nutriments et d'oxygène *via* votre placenta.

En cas de complications pouvant affecter la circulation sanguine dans le placenta, comme une hypertension artérielle, un diabète ou un lupus systémique (voir p. 18), votre praticien vous prescrira probablement l'un de ces examens une à deux fois par semaine après la 32e semaine de grossesse.

Pour le monitoring cardiaque, deux capteurs sont placés sur votre abdomen. L'un mesure les contractions utérines, et l'autre le rythme cardiaque du bébé. Cet examen est rassurant si le rythme cardiaque accélère deux fois au cours des vingt à trente minutes que dure l'examen, et s'il ne chute pas brusquement. Si le monitoring est non réactif (pas d'accélération du rythme cardiaque), cela signifie peut-être que votre bébé est endormi. Votre praticien va alors de nouveau écouter plus longuement les battements de son cœur ou demander une mesure du bien-être fœtal. Celui-ci permet de contrôler le volume de liquide amniotique, les mouvements fœtaux, le tonus musculaire et les mouvements respiratoires. Si les résultats sont rassurants, le bébé a peu de risques d'avoir des problèmes dans les semaines suivantes.

PROBLÈMES COURANTS

Sous l'effet de la grossesse, votre corps change. S'ensuit un cortège de petits désagréments parfois douloureux, mais généralement sans conséquences sur votre santé, ni sur celle de votre bébé.

Le mal de dos est un problème fréquent, qui touche 50 % des femmes enceintes, en particulier les plus âgées et celles qui ont déjà eu un ou plusieurs enfants.

Ces petits troubles sont particulièrement éprouvants pour les femmes de plus de 35 ans : elles ont tendance à s'en inquiéter plus, en raison de leur âge. Mais bien souvent, cette inquiétude n'est pas justifiée. Peu de futures mamans échappent à ces perturbations, même les plus jeunes. Cependant, il arrive qu'en raison de votre âge, les symptômes soient plus marqués ou que vous ressentiez certains symptômes en particulier.

ÉTAT PHYSIQUE GÉNÉRAL

La grossesse peut accentuer certains problèmes physiques, qui deviennent plus fréquents avec l'âge. Par exemple, les femmes enceintes ont souvent mal au dos, mais cela empire avec l'âge. Elles doivent prendre particulièrement soin de leur dos : les exercices de musculation dorsale, une prudence particulière au moment de soulever des objets et une réorganisation du

Les jambes et les chevilles enflées sont fréquentes en fin de grossesse. Placez vos pieds en hauteur pour réduire le gonflement.

poste de travail sont particulièrement indiqués.

L'incontinence d'effort (petites fuites d'urine lorsque vous toussez ou riez) est plus fréquente avec l'âge et peut apparaître pour la première fois durant la grossesse. C'est pourquoi les femmes plus âgées doivent renforcer les muscles du plancher pelvien.

Avec l'âge, la peau perd de son élasticité et devient plus sensible aux changements provoqués par la grossesse, comme les vergetures. Si vous avez déjà été enceinte, vous risquez de ressentir plus de douleurs dans la région du bassin, en raison des ligaments qui s'étirent en prévision de l'accouchement.

GÉRER LES DÉSAGRÉMENTS

Votre praticien peut vous donner de précieux conseils pour gérer vos petits soucis de grossesse. Des mesures simples sont souvent efficaces, comme placer vos pieds en hauteur si vos jambes et vos chevilles sont enflées. Avant de prendre des médicaments, même vendus sans ordonnance, parlez-en à votre praticien.

Les **petites misères de la grossesse** sont particulièrement éprouvantes pour les femmes de **plus de 35 ans**, mais souvent **faciles à soulager**.

Petits soucis

La plupart des femmes souffrent de problèmes divers pendant leur grossesse, qui empirent souvent au cours des derniers mois. Il existe presque toujours un moyen de les soulager. Il est néanmoins important de rappeler que certains médicaments fréquemment utilisés et vendus sans ordonnance sont contre-indiqués pendant la grossesse. Demandez toujours l'avis de votre praticien avant d'y recourir.

MAUX DE TÊTE

Certaines futures mamans souffrent de maux de tête, souvent aggravés par les changements hormonaux lors des cycles menstruels. Leur fréquence peut augmenter pendant la grossesse, mais c'est assez rare.

Le paracétamol reste la meilleure solution pour soulager la douleur. Évitez l'aspirine ou les anti-inflammatoires non stéroïdiens, tels que l'ibuprofène, en raison des risques qu'ils présentent pour le bébé. Si vous souffrez de migraines, demandez à votre praticien de vous prescrire des médicaments. Ne prenez jamais d'inhibiteurs de la réception de sérotonine, tels que le sumatriptan, car ils peuvent réduire le flux sanguin dans le placenta. Si nécessaire, certains analgésiques opiacés, comme la codéine, peuvent vous soulager sans danger. Vous pouvez également continuer à prendre des bêtabloquants contre la migraine, si nécessaire.

En général, les migraines ont tendance à diminuer au cours de la grossesse, et les femmes notent en général une rémission totale ou une réduction significative des symptômes. Si vous souffrez de maux de tête au troisième trimestre, alors que vous n'y êtes pas sujette habituellement, contactez immédiatement l'hôpital, en particulier si vous avez des troubles de la vision. Cela peut être le signe d'une prééclampsie (voir p. 113).

▶ **SANS DANGER** Paracétamol, certains bêta-bloquants, analgésiques opiacés

▶ **À ÉVITER** Aspirine et anti-inflammatoires non stéroïdiens, tels que l'ibuprofène.

CONGESTION NASALE

Bon nombre de femmes enceintes souffrent de congestion nasale, due à une augmentation du volume sanguin dans les muqueuses du nez, sous l'action des œstrogènes qui stimulent l'afflux de sang pendant la grossesse. Cette augmentation du volume sanguin dans les vaisseaux fragiles du nez peut aussi entraîner des saignements fréquents. Bien que gênante, cette congestion est tout à fait normale et n'interfère pas avec la quantité d'oxygène que reçoit votre bébé. Évitez d'utiliser des sprays pour le nez (à l'exception des solutions salines) : ils ont tendance à obstruer davantage le nez si vous ne les utilisez pas très régulièrement. Si vous avez du mal à dormir la nuit, l'utilisation d'un saturateur peut vous soulager.

▶ **SANS DANGER** Diphenhydramine, phenylephedrine

▶ **À ÉVITER** Sprays pour le nez

VERTIGES

Pendant la grossesse, les vaisseaux sanguins se dilatent pour favoriser l'afflux sanguin dans l'utérus et dans le placenta, ce qui peut provoquer une légère baisse de la tension artérielle, et donc des vertiges. Les femmes enceintes sont particulièrement sensibles aux changements de position. Évitez par exemple de vous lever subitement, et asseyez-vous si vous êtes prise de vertiges. Ces troubles sont bien souvent sans gravité. Au cours de la grossesse, vous pouvez avoir la tête qui tourne lorsque vous êtes allongée sur le dos. Ce léger malaise est dû à la compression par l'utérus des vaisseaux qui ramènent au cœur le sang de la partie inférieure du corps. Si c'est le cas, couchez-vous sur le côté. Si vous avez des palpitations juste avant d'être prise de vertiges, ou si le fait de vous allonger sur le côté ne vous soulage pas, consultez votre praticien.

GENCIVES IRRITÉES

Bien des femmes enceintes remarquent que leurs gencives saignent lorsqu'elles se brossent les dents. Ce phénomène, qui est tout à fait normal, est dû à l'augmentation du flux sanguin dans les gencives. Néanmoins, il est important de prendre soin de vos dents, car les problèmes de gencives peuvent être le symptome de problèmes plus importants, comme l'accouchement prématuré. Pensez à vous faire nettoyer et détartrer les dents, et évitez toute radiographie maxillaire, à moins qu'elle ne soit indispensable.

PALPITATIONS

Les palpitations, qui vous donnent l'impression que votre cœur bat la chamade dans votre poitrine, sont plus fréquentes et plus sensibles pendant la grossesse. Elles sont généralement sans gravité si elles surviennent de manière occasionnelle et si vous n'avez pas d'autres symptômes, des vertiges par exemple. Dans le cas contraire, parlez-en immédiatement à votre praticien.

SEINS DOULOUREUX

Au cours de votre grossesse, vos seins vont augmenter de volume (jusqu'à prendre près de 0,5 kg chacun) et devenir très sensibles, en particulier au premier trimestre. Ces changements sont tout à fait normaux, mais vous allez probablement devoir porter un soutien-gorge adapté. Au début, vous pouvez porter un soutien-gorge de sport (même la nuit). Au deuxième trimestre, il est préférable d'investir dans un ou deux soutiens-gorges de grossesse, en même temps que vous commencerez à porter des vêtements pour femme enceinte. Pensez à faire examiner votre poitrine chaque mois durant cette période, et à signaler toute grosseur à votre praticien.

Un soutien-gorge de grossesse permet de réduire la sensibilité des seins, dès le début de la grossesse.

DIFFICULTÉS RESPIRATOIRES

La progestérone affecte votre capacité respiratoire lorsque vous êtes enceinte, ce qui explique pourquoi vous éprouvez parfois des difficultés à respirer. Par exemple, monter un étage peut devenir une épreuve et vous donner l'impression d'étouffer. Cette sensation est tout à fait normale, et ne signifie pas que vous êtes en mauvaise forme physique, ni trop âgée pour avoir un bébé, ou encore que vous avez un problème au cœur ou aux poumons. À mesure que votre bébé grossit, vous allez avoir de plus en plus de mal à respirer, et cela peut empirer lorsque vous êtes allongée sur le dos. Pour soulager cette gêne, certaines femmes ont besoin dormir presque assises en fin de grossesse.

INDIGESTION

La progestérone relâche les muscles de l'utérus pour favoriser sa croissance, mais d'autres muscles se détendent aussi pendant la grossesse, et notamment la valvule entre l'estomac et l'œsophage (le tube qui relie la bouche à l'estomac). De plus, le volume grandissant de l'utérus commence à comprimer les organes abdominaux et à réduire la capacité de l'estomac. De ce fait, vous souffrez d'indigestion. Contrairement à une idée reçue, les aliments que vous consommez ne sont pas les seuls responsables, même s'il est préférable d'éviter les aliments lourds qui aggravent les symptômes. Les principaux facteurs sont l'acidité du contenu de votre estomac et la position que vous adoptez (par exemple, si vous êtes allongée ou debout).

Les anti-acides permettent de réduire l'acidité de votre estomac. La plupart de ceux que l'on trouve en pharmacie sont sans danger. Privilégiez ceux qui contiennent du calcium. Néanmoins, beaucoup de futures mamans ont besoin de prendre des anti-acides plus forts, les antagonistes des récepteurs H_2 à l'histamine, vendus en pharmacie sur prescription médicale. Certaines positions peuvent soulager, comme se pencher en avant ou s'allonger après le repas.

▶ **SANS DANGER** Antagonistes des récepteurs H_2 à l'histamine, anti-acides contenant du carbonate de calcium ou de magnésium

DOULEURS ABDOMINALES

Presque toutes les femmes enceintes souffrent de douleurs abdominales. Le tout est de savoir si elles sont le signe d'un problème plus grave. En début de grossesse, beaucoup de femmes ressentent des contractions utérines, une pression au niveau du bassin et de légères douleurs abdominales. Elles ne font que refléter les énormes changements qui se produisent dans les organes du bassin, notamment dans l'utérus. Au début du deuxième trimestre, ces douleurs ne sont pas rares. La plupart sont

---

À prendre au sérieux

Au premier trimestre, si les douleurs abdominales s'accompagnent des signes suivants, consultez immédiatement votre praticien :

■ saignements vaginaux importants ;

■ fièvre supérieure à 39 °C ;

■ antécédents de grossesse extra-utérine ou mise en place d'un DIU ;

■ sensation de brûlure quand vous urinez.

Au deuxième trimestre, consultez si les douleurs s'accompagnent de :

■ saignements vaginaux, même légers ;

■ pertes vaginales importantes, surtout si elles deviennent liquides ou contiennent du mucus ;

■ fièvre supérieure à 39 °C ;

■ pression vaginale.

---

dues à des gaz et à des ballonnements. Les douleurs localisées de chaque côté de l'utérus, causées par l'étirement des ligaments, sont aussi fréquentes. Au troisième trimestre, on observe souvent une augmentation de l'activité utérine ou des contractions de Braxton-Hicks. Celles-ci provoquent une sensation de tiraillement au niveau de l'utérus et ne sont généralement pas très douloureuses. En cas de contractions douloureuses en avant de l'utérus, ou de douleurs intermittentes dans le bas du dos, contactez votre praticien, en particulier si vous êtes à moins de 34 semaines de grossesse.

▶ **SANS DANGER** Paracétamol

GAZ ET BALLONEMENTS

L'action de la progestérone ralentit le fonctionnement de vos intestins et peut provoquer des ballonnements. Ceux-ci sont généralement dus à l'action des bactéries sur les hydrates de carbone présents dans votre alimentation. Plus les aliments restent longtemps dans vos intestins, et plus les bactéries mettent de temps à les digérer, ce qui provoque des gaz. Si vous êtes sujette à ces troubles, évitez les aliments qui fermentent, comme les haricots, les brocolis, le chou et le chou-fleur.

Évitez aussi les boissons gazeuses, qui augmentent le volume de gaz dans vos intestins, et buvez plus d'eau. Une petite balade après le repas peut aider à stimuler naturellement votre appareil digestif.

▶ **SANS DANGER** Médicaments contenant de la siméthicone, vendus sans ordonnance

MYCOSES

De nombreuses femmes enceintes sont atteintes de mycoses pendant leur grossesse. Des crèmes et des ovules peuvent être achetés en pharmacie. Ils sont sans danger pour la grossesse. Si votre praticien vous a demandé de ne rien insérer dans votre vagin en raison d'un *placenta prævia*, évitez d'utiliser l'applicateur et mettez la crème sur la vulve et la partie inférieure de votre vagin. Si vous ne parvenez pas à vous débarrasser du problème, votre praticien voudra sans doute avoir

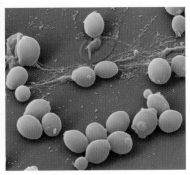

Les mycoses sont causées par le Candida albicans, *un champignon de la famille des levures qui prolifère dans les zones humides du corps.*

confirmation de l'infection, et vous proposera un autre traitement.

▶ **SANS DANGER** Pommades contre les mycoses vendues en pharmacie, comme le clotrimazole

INCONTINENCE URINAIRE

Près de la moitié des femmes ont des difficultés à retenir leur urine pendant la grossesse. Vous ressentez sans doute un besoin fréquent d'uriner au cours du premier trimestre. Ce phénomène diminue au cours du deuxième trimestre, mais vous éprouvez toujours le besoin de vider votre vessie beaucoup plus souvent qu'en dehors de la grossesse. L'incontinence est plus fréquente au cours du troisième trimestre, en particulier si vous avez déjà eu ce type de problème ou si vous avez déjà été enceinte. Les pertes d'urine sont en général modérées, et une serviette hygiénique suffit bien souvent à prévenir les accidents. Les femmes

qui souffrent d'incontinence pendant leur grossesse sont plus susceptibles d'avoir des problèmes ultérieurement.

Si vous avez soudain des « fuites », alors que tout allait bien jusqu'à présent, consultez votre médecin ou votre sage-femme afin d'écarter tout risque d'infection urinaire, qui peut provoquer une incontinence.

Si les symptômes ne disparaissent pas dans les trois mois qui suivent la naissance, adressez-vous à un spécialiste. En cas de vessie hyperactive, certains médicaments permettant de modérer les spasmes de la vessie peuvent réduire les accidents. Dans d'autres cas, un traitement chirurgical ou non, tel que la physiothérapie, est nécessaire.

CONSTIPATION ET HÉMORROÏDES

La progestérone diminue le tonus du gros intestin et accroît l'absorption d'eau, d'où une tendance à la constipation. La pression de votre utérus ralentit également le flux sanguin des vaisseaux qui entourent le rectum et l'anus, ce qui provoque des hémorroïdes. Le meilleur moyen de remédier à ces problèmes est de lutter contre la constipation, laquelle aggrave les hémorroïdes. La première étape consiste à ramollir les selles en buvant beaucoup d'eau et en mangeant des aliments riches en fibres. Si cela ne

suffit pas, vous pouvez prendre des laxatifs (à réserver aux cas de constipation aiguë). Si vous avez des hémorroïdes malgré une consistance normale de vos selles, essayez d'appliquer un produit désinfectant après chaque émission de selles. Les pommades contre les hémorroïdes aident à réduire le gonflement et sont sans danger pendant la grossesse.

▶ **SANS DANGER** Aliments riches en fibres, laxatifs, pommades contre les hémorroïdes

Pensez à vous hydrater *en buvant beaucoup d'eau, afin d'éviter toute constipation pendant votre grossesse.*

SYNDROME DU CANAL CARPIEN

Vingt-cinq à 50 % des femmes enceintes ressentent les symptômes de ce que l'on appelle le syndrome du canal carpien.

Ce problème fréquent est causé par la rétention d'eau, qui enfle une bande de tissu du poignet, le canal carpien, et comprime les nerfs et les ligaments qui s'y trouvent juste avant l'entrée de la main.

Pendant la grossesse, le moindre gonflement des mains peut entraîner la compression du nerf qui traverse le canal carpien. Une prise de poids importante durant la grossesse peut également aggraver cette compression.

Parmi les principaux symptômes, vous pouvez ressentir une douleur et un engourdissement du pouce, de l'index et du majeur, et une faiblesse des muscles qui actionnent votre pouce. Vous pouvez y remédier en portant une attelle la nuit, afin de réduire la pression exercée sur le nerf lorsque le poignet est replié. Près de 80 % des femmes portant l'attelle remarquent une réduction des symptômes.

En cas de syndrome aigu, adressez-vous à un orthopédiste, qui vous prescrira des injections de corticoïdes dans le poignet pour réduire le gonflement et l'inflammation. Néanmoins, beaucoup d'entre eux refusent de soigner les femmes enceintes, dans la mesure où ce problème se résout bien souvent tout seul. Ne prenez pas d'anti-inflammatoires par voie orale, comme l'ibuprofène, tant que vous êtes enceinte, et évitez de dormir sur votre avant-bras ou votre main. Les symptômes s'améliorent en général dans les quatre semaines qui suivent l'accouchement.

▶ **À ÉVITER** Aspirine et anti-inflammatoires non stéroïdiens, tels que l'ibuprofène

MAL DE DOS

Le mal de dos, souvent intense durant la grossesse, est l'un des nombreux problèmes qui persistent après l'accouchement. Près de la moitié de femmes enceintes souffrent du dos, et en avançant en âge, les risques sont plus importants. Les 9 kg ou plus que vous devez porter autour de la taille pèsent lourdement sur votre dos. Chaque grossesse exerce une tension sur votre dos et augmente les risques que les douleurs persistent après la naissance.

Le meilleur moyen de protéger votre dos consiste à entretenir vos muscles abdominaux pendant la grossesse. Si vous devez soulever de lourdes charges (comme l'un de vos enfants), veillez à utiliser vos jambes et pas uniquement votre dos. Écoutez votre corps, et arrê-

Le mal de dos est très fréquent chez les plus de 35 ans, surtout si vous avez déjà eu des problèmes de dos par le passé.

tez tout effort si vous ressentez la moindre douleur. Veillez à dormir sur un matelas ferme, afin d'assurer un bon maintien pour le dos. Si votre matelas est mou, insérez une planche entre votre sommier et votre matelas.

En cas de douleur, prenez jusqu'à 650 mg de paracétamol, et placez au choix une poche de glace ou une bouillotte sur votre dos pendant 10 minutes. Si vous souffrez par intermittence, contactez votre praticien : c'est peut-être le signe avant-coureur d'un accouchement prématuré. Si vous avez mal au dos avant et pendant votre grossesse, il y a de grandes chances que vous

Soulever des poids

Évitez tant que possible de soulever des charges lourdes, y compris un jeune enfant. Si vous ne pouvez pas faire autrement, utilisez la méthode suivante :

- écartez vos pieds d'une distance égale à la largeur du bassin ;
- pliez les genoux en gardant le dos bien droit ;
- tout en tenant l'objet contre vous, utilisez les muscles de vos jambes pour vous redresser ;
- gardez le dos bien droit tout au long de la remontée.

en souffriez de manière chronique ultérieurement.

▶ **SANS DANGER** Paracétamol (650 mg), poche de glace ou bouillotte

▶ **À ÉVITER** Aspirine et anti-inflammatoires non stéroïdiens, tel l'ibuprofène

SCIATIQUE

La sciatique est une douleur qui irradie vers la fesse ou vers l'arrière de la cuisse, parfois même jusqu'au pied. Elle est due à l'altération d'un disque intervertébral (situé entre les vertèbres) qui comprime l'une des racines du nerf, ou à la pression exercée par l'utérus sur le nerf sciatique (qui part de la colonne vertébrale et descend le long de la jambe). Hormis la douleur, vous pouvez ressentir une sensation d'engourdissement ou des picotements dans la jambe concernée. La véritable

sciatique est en fait assez rare pendant la grossesse, puisqu'elle ne concerne que 1 % des femmes enceintes. Si vous pensez avoir une sciatique, parlez-en à votre praticien.

JAMBES ET CHEVILLES ENFLÉES

Les femmes remarquent en général un gonflement des jambes et des pieds à un moment ou à un autre de leur grossesse. Ce gonflement se localise habituellement dans les extrémités inférieures, et peut s'accentuer en cas de station debout prolongée. Si ce phénomène devient problématique, essayez de faire plusieurs pauses dans la journée, en vous allongeant avec les pieds surélevés.

Si vous travaillez, évitez de rester trop longtemps statique durant la journée. Le mouvement musculaire de vos jambes permet de drainer l'excès d'eau dans les autres régions de votre corps.

Si l'une de vos jambes est plus enflée que l'autre, signifiez-le à votre praticien car cela indique peut-être la présence d'un caillot sanguin dans votre jambe. Mais n'oubliez pas qu'il est parfaitement normal que la jambe droite soit légèrement plus enflée que la gauche : l'utérus s'incline de telle sorte qu'il concentre le flux sanguin vers votre jambe droite au détriment de la gauche.

▶ **À ÉVITER** Les diurétiques sont interdits pendant la grossesse.

CRAMPES DANS LES JAMBES

Certaines femmes se plaignent d'être réveillées pendant la nuit par des crampes dans les jambes. Il est difficile de dire pourquoi ces crampes sont plus fréquentes pendant la grossesse. Un apport complémentaire en calcium peut diminuer les symptômes. Si ces crampes troublent votre sommeil, essayez de marcher ou d'appliquer une compresse chaude sur votre mollet.

Si les crampes persistent, prenez soin de vos mollets avant de dormir. Étirez-les doucement en tendant la jambe, sur le bord d'une marche, les talons vers le bas. Si cela ne passe pas, demandez à votre praticien de vous prescrire des suppléments de magnésium, mais n'en prenez jamais sans avis médical.

▶ **SANS DANGER** Apport complémentaire en calcium (1 g deux fois par jour pendant deux semaines)

SYNDROME DES JAMBES SANS REPOS

Dix à 20 % des femmes sont concernées par le syndrome des jambes sans repos (encore appelé impatiences) pendant la seconde moitié de leur grossesse. Ce syndrome survient en général lorsque vous êtes sur le point de vous endormir. Vous ressentez des picotements dans le bas des jambes, qui vous donnent une envie irrépressible de les bouger. Bien souvent, la marche ou le mouvement ne suffisent pas à vous soulager. Si ce désagrément perturbe votre sommeil, parlez-en à votre praticien.

Ce problème est parfois lié à une déficience en fer. Le recours à des suppléments est alors nécessaire. Évitez de prendre des boissons contenant de la caféine en fin de journée : elles peuvent accentuer notablement les symptômes.

▶ **SANS DANGER** Suppléments en fer

▶ **À ÉVITER** Boissons contenant de la caféine

VARICES

La pression croissante de l'utérus et l'augmentation du volume sanguin entraînent une dilatation importante des veines de la jambe. À mesure que la pression s'accroît, des faiblesses peuvent apparaître à certains endroits, provoquant une dilatation anormale des parois. C'est ce que l'on appelle des varices. Elles peuvent également survenir sur la vulve.

Les varices sont plus fréquentes lors de la deuxième et de la troisième grossesse, mais bon nombre de femmes en souffrent dès leur première grossesse. En matière de varices, l'hérédité est prégnante. Le seul traitement pour freiner leur développement est le port de bas de contention. Mais certaines femmes les trouvent chauds et inconfortables, et pas toujours efficaces. Une autre solution consiste à vous allonger avec les pieds surélevés plusieurs fois dans la journée. Si vous avez toujours des varices après votre grossesse, vous pouvez alors envisager un traitement au laser, une sclérothérapie, et même de la chirurgie. Attendez d'être sûre de ne plus tomber enceinte, car les varices sont susceptibles de réapparaître à chaque grossesse.

VERGETURES

Près de la moitié des femmes enceintes ont des vergetures pendant leur grossesse. Les vergetures apparaissent surtout sur le ventre, mais aussi parfois sur les seins et les fesses. Elles sont dues à une destruction des fibres élastiques de la peau.

Il existe de nombreuses crèmes anti-vergetures sur le marché, mais malgré ce que voudraient bien nous faire croire leurs fabricants, aucune n'est vraiment efficace. Vous pouvez néanmoins éviter leur développement en limitant votre prise de poids pendant la grossesse (entre 11 et 16 kg).

Les vergetures s'estompent avec le temps : elles pâlissent et deviennent moins visibles. Même si vous ne pouvez pas les éviter, rien ne vous empêche de les soigner après votre grossesse. La chirurgie au laser est l'une de solutions les plus en vogue actuellement, mais elle n'est pas remboursée par la Sécurité sociale. Attendez d'être sûre de ne plus tomber enceinte, car les vergetures ont tendance à réapparaître à chaque grossesse.

ALTÉRATIONS DE LA PEAU

Pendant la grossesse, votre peau subit des changements drastiques. Dès le début, le flux sanguin augmente sous la peau du visage, et donne aux futures mères cet éclat si particulier.

En début de grossesse, on assiste souvent à une poussée d'acné, due aux changements hormonaux. Pour y remédier, vous pouvez utiliser sans danger des crèmes et des gels, du peroxyde de benzoyle par exemple, ou bien une crème antibiotique prescrite par un dermatologue.

Au début du deuxième trimestre, la peau peut devenir plus foncée, la grossesse stimulant la production de mélanine. Certaines zones pigmentées de votre corps, comme les grains de beauté et les mamelons, foncent davantage.

De nouvelles zones de pigmentation peuvent aussi apparaître au fil de la grossesse, comme une ligne

Une ligne brune apparaît souvent le long de l'abdomen chez la femme enceinte. Elle est due à une pigmentation accrue de la peau durant la grossesse.

brune entre votre nombril et les poils pubiens. Certaines femmes développent une pigmentation sur le nez et les joues, qui bien souvent s'atténue après la grossesse.

Environ deux tiers des femmes qui ont la peau très claire constatent que les paumes de leurs mains rougissent. Ce phénomène est dû à l'augmentation du taux d'œstrogènes dans le corps, et disparaît généralement après la grossesse.

L'augmentation du flux sanguin dans votre peau peut également provoquer l'apparition de minuscules lignes rouges, appelées angiomes stellaires, principalement sur le visage, le cou et le buste. Ces angiomes disparaissent généralement après la grossesse.

Aucun traitement n'est nécessaire, sauf si les angiomes persistent dans les trois mois qui suivent l'accouchement, et que leur apparence vous déplaît.

▶ **SANS DANGER** Peroxyde de benzoyle (pour l'acné)

TRANSPIRATION

Presque toutes les femmes enceintes ressentent une hausse de température, générée par leur métabolisme basal. La transpiration augmente en conséquence. Ce phénomène est tout à fait normal, bien que cela puisse être très désagréable. Vous pouvez utiliser sans danger un déodorant durant votre grossesse. N'ayez pas d'inquiétude si vous devez l'utiliser plus souvent.

DÉMANGEAISONS

Bon nombre de femmes souffrent de démangeaisons durant leur grossesse, le plus souvent sur le ventre. Ce prurit est en général lié à la distension de la peau. Certaines femmes essaient de se rafraîchir pour atténuer ces démangeaisons. L'application d'une crème hydratante conservée au réfrigérateur ou un bain d'eau tiède devrait temporairement vous soulager.

Les démangeaisons peuvent aussi être le symptôme d'une cholestase de la grossesse, qui apparaît parfois au troisième trimestre. Une analyse de sang doit alors être effectuée afin de mesurer le taux d'acides biliaires (produits par le foie) dans le sang. Si votre praticien diagnostique ce problème, il vous prescrira des médicaments permettant de réduire les excès d'acides biliaires, notamment d'acide ursodéoxycholique. Des taux élevés augmentent les risques de complications pendant la grossesse, et peuvent obliger votre praticien à déclencher l'accouche-

Les crèmes hydratantes aident à calmer les démangeaisons. Conservez-les au réfrigérateur pour rafraîchir votre peau.

ment avant la date prévue. Mais on ne sait toujours pas si un traitement à base d'acide ursodéoxycholique permet de réduire ces risques de complications pendant la grossesse.

À prendre au sérieux

Si les démangeaisons s'accompagnent des signes suivants, consultez :

■ une éruption cutanée importante sur votre abdomen, qui pourrait être une PUPPP, affection spécifique à la grossesse et nécessitant un traitement particulier ;

■ des démangeaisons persistantes sur vos bras et sur vos jambes, sans éruption cutanée, au troisième trimestre de grossesse. Elles peuvent être le symptôme d'une cholestase de la grossesse (excès d'acides biliaires du foie dans la peau, provoquant des démangeaisons).

GROSSESSES À RISQUE

Les problèmes qui peuvent faire classer une grossesse dans la catégorie dite « à risque » sont plutôt rares et pas nécessairement liés à l'âge. Beaucoup sont inévitables, mais vous pouvez apprendre à y faire face.

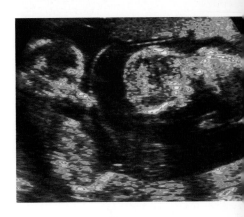

Les grossesses gémellaires font partie des grossesses à risque et sont très surveillées. Sur cette échographie en couleur, on discerne à gauche la tête du premier bébé, et son corps en dessous, et à droite, la tête du deuxième, tournée vers le bas, et son corps à l'horizontale.

INFLUENCE DE L'ÂGE

Vers la fin du deuxième et du troisième trimestre, votre âge va jouer un rôle prépondérant dans certains domaines, et accroître (légèrement) les risques de complications.

Les trois principales complications liées à l'âge en fin de grossesse sont le diabète gestationnel, la prééclampsie (toxémie), et les grossesses multiples (jumeaux ou triplés). D'autres sont moins directement liées à l'âge, comme un accouchement prématuré et une béance du col de l'utérus (ouverture précoce du col).

RÉDUIRE LES RISQUES

En général, vous ne pouvez pas faire grand-chose. Le risque de prééclampsie, qui se caractérise par des problèmes rénaux et des troubles de la tension artérielle,

Le contrôle du taux de sucre dans le sang est essentiel si vous développez un diabète pendant votre grossesse, et permet de vérifier la bonne santé de votre bébé.

est étroitement lié à votre tension lors de la conception. Si elle est faible avant la grossesse et à son début, les risques sont moindres. Le diabète gestationnel est quant à lui souvent héréditaire.

L'hypertension artérielle et le diabète gestationnel sont fréquents chez les femmes en surpoids lors de la conception. Les risques augmentent à mesure que vous dépassez votre poids de forme. Si vous évitez de grossir avant de tomber enceinte, vous réduirez grandement les risques de complications, mais vous ne les éliminerez pas totalement.

Les grossesses multiples sont aussi plus fréquentes chez les femmes plus âgées, en partie à cause de l'utilisation accrue des techniques de procréation assistée. Les femmes enceintes de jumeaux et de triplés sont plus sujettes à la prééclampsie et au diabète gestationnel, et peuvent devoir accoucher prématurément.

Il est néanmoins important de préciser que la plupart des femmes plus âgées ne développeront pas de complications ou en souffriront peu pendant leur grossesse.

Même **après 35 ans**, votre grossesse n'est **pas à risque** jusqu'à **preuve** du contraire !

Types de grossesses à risque

Votre grossesse ne doit pas être considérée comme à risque seulement parce que vous avez plus de 35 ans. Votre âge implique néanmoins un risque accru de complications, et appelle une surveillance plus attentive. Certains problèmes peuvent apparaître pendant votre grossesse, et d'autres, comme l'hypertension artérielle, peuvent nécessiter une surveillance dès le début.

DIABÈTE GESTATIONNEL

Le diabète gestationnel est un trouble du métabolisme des sucres, qui survient pendant la grossesse. Cela signifie que votre corps n'est plus capable de réguler correctement le taux de sucre dans le sang.

Ce taux est normalement régulé par deux hormones : l'insuline (sécrétée par le pancréas) et le glucagon (fabriqué par le foie). L'insuline est sécrétée lorsque le taux de sucre dans le sang augmente après le repas, afin de permettre à votre corps d'éliminer l'excès de sucre de votre circulation sanguine. Le glucagon est sécrété lorsque le taux de sucre est faible, et déclenche une hausse du taux de sucre dans le sang.

LES TYPES DE DIABÈTE

En cas de diabète gestationnel, le corps ne produit pas assez d'insuline pour gérer la surcharge de travail qu'implique la grossesse, ou vos cellules résistent à l'action de l'insuline. Il est semblable à un diabète de type 2 (ou diabète tardif). En cas de diabète de type 1, qui débute en général à l'enfance ou à l'adolescence, le pancréas ne sécrète pas du tout d'insuline.

Pendant la grossesse, votre placenta sécrète une hormone appelée hormone lactogène placentaire (HLP), qui provoque une hausse du taux de sucre dans le sang. En conséquence, votre corps doit produire plus d'insuline pour maintenir ce taux à un niveau normal.

Le diabète gestationnel disparaît après l'accouchement, mais vous avez plus de risques de développer plus tard un diabète de type 2.

COMMENT EST-IL DIAGNOSTIQUÉ ?

Le diabète gestationnel est détecté au troisième trimestre de grossesse lors d'un test de dépistage (voir p. 96-97), généralement pratiqué à 28 semaines. Cet examen permet d'identifier les femmes présentant un risque élevé de diabète gestationnel. Si vous en faites partie, vous devez passer un test de diagnostic, appelé test de tolérance au glucose, afin de déterminer si vous souffrez de diabète. On contrôle votre taux de sucre dans le sang à jeun, puis une et deux heures après avoir bu

Diabète et accouchement

Les femmes souffrant de diabète gestationnel ont plus de risques d'avoir un grand bébé (ce risque dépend en partie de la qualité du suivi de votre taux de sucre pendant votre grossesse). Si vous êtes diabétique, le praticien estimera le poids de naissance du bébé avant l'accouchement, soit en touchant le bébé à travers l'utérus, soit en procédant à une échographie. Si sa taille est normale, on vous proposera de déclencher l'accouchement à 39 semaines, en raison des risques de complications foetales qu'implique une grossesse prolongée chez les femmes diabétiques. Pendant l'accouchement, on vous placera une perfusion (voir p. 132), et l'on contrôlera toutes les une ou deux heures votre taux de sucre. Si le bébé pèse plus de 4 kg, ses épaules peuvent rester coincées (dystocie des épaules), ce qui augmente le risque d'accidents et de complications sérieuses. Le praticien vous exposera ce risque et vous proposera une césarienne s'il le juge trop élevé.

une boisson sucrée. Si votre taux reste élevé dans les deux heures qui suivent le test, cela signifie que votre corps est incapable de gérer une surcharge de sucre et que vous souffrez de diabète gestationnel.

Les praticiens utilisent parfois des critères légèrement différents pour diagnostiquer un diabète gestationnel à partir de votre analyse de sang. Certains considéreront le résultat d'un test de tolérance au glucose comme un cas limite, tandis que d'autres y verront un cas nécessitant une surveillance et des soins accrus pendant le reste de votre grossesse.

COMMENT EST-IL SOIGNÉ ?

Dans la plupart des cas, un régime alimentaire adapté est mis au point afin de réduire votre consommation en hydrates de carbone. Vous devrez sans doute consulter un diététicien, qui établira le régime à suivre. Il vous conseillera de manger des hydrates de carbone complexes, comme du pain complet, des pâtes et du riz, et vous priera d'éviter les gâteaux, les sodas et les bonbons. Votre praticien contrôlera votre taux de sucre après le début de votre nouveau régime alimentaire. Vous devrez probablement tester vous-même

votre taux de sucre chez vous quatre fois par jour, à l'aide d'un moniteur de glucose. Si le taux reste élevé, vous devrez faire des injections d'insuline (deux fois par jour) pendant le reste de votre grossesse.

RISQUE FUTUR DE DIABÈTE

Le diabète gestationnel accroît le risque de développer plus tard un diabète de type 2. On procédera à un prélèvement sanguin dans les six semaines qui suivent l'accouchement, puis à intervalles réguliers, afin de contrôler votre taux de sucre dans le sang.

BÉANCE DU COL DE L'UTÉRUS

Il s'agit d'une complication peu courante, qui survient lorsque le col de l'utérus se dilate sans aucune contraction. Elle peut aboutir à une fausse couche au deuxième trimestre.

Si vous avez déjà fait une fausse couche auparavant (sans contractions douloureuses), votre praticien vous recommandera un cerclage du col pendant votre grossesse. Le cerclage consiste à glisser un fil de nylon autour du col pour le fermer, à la façon d'une bourse dont les cordons sont tirés.

Dans certains cas, une alternative au cerclage consiste à surveiller régulièrement votre grossesse, en effectuant chaque semaine ou tous les quinze jours une échographie transvaginale. Une petite sonde

échographique est insérée dans le vagin, afin de visualiser l'utérus sur un écran.

En cas d'ouverture ou de raccourcissement du col, votre praticien vous conseillera un cerclage. Il arrive que l'on note un changement du col lors d'une échogra-

phie de routine du deuxième trimestre. Dans ce cas, si vous n'avez jamais fait de fausse couche auparavant, la décision de poser un cerclage peut s'avérer plus délicate. Votre praticien pèsera le pour et le contre, ou vous demandera de consulter un spécialiste.

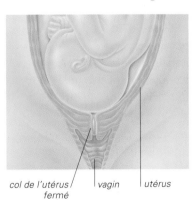

col de l'utérus / vagin | utérus
fermé

Le col de l'utérus est normalement *fermé pendant la grossesse, à l'exception d'une petite ouverture. Le bébé est bien tenu dans l'utérus.*

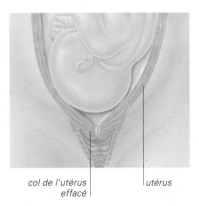

col de l'utérus | utérus
effacé

En cas de béance du col, *le col s'efface et se dilate de manière anormale, ce qui entraîne un risque de fausse couche au deuxième trimestre.*

ACCOUCHEMENT PRÉMATURÉ

Près de 1 grossesse sur 10 aboutit à un accouchement prématuré, le bébé naissant avec plus de quatre semaines d'avance sur le terme. Les risques augmentent si vous avez déjà eu un prématuré, ou bien des jumeaux ou des triplés.

Certains facteurs, comme une meilleure qualité de vie, des soins dentaires réguliers (pour prévenir les problèmes de gencives qui provoquent une inflammation), et le fait de ne pas fumer, réduisent également les risques d'accouchement prématuré.

LES EFFETS DE L'ÂGE

Les futures mamans de plus de 35 ans ont plus de risques d'accoucher prématurément. Dans certains cas, cela tient à des raisons médicales, par exemple si vous souffrez de pré-éclampsie (voir ci-contre). Au-delà de 35 ans, vous êtes également plus exposée qu'une femme jeune aux complications qui augmentent les

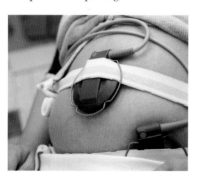

Si votre col se raccourcit ou si vous souffrez de douleurs abdominales, des moniteurs permettront de vérifier si vous avez des contractions.

risques d'accouchement prématuré. L'apparition de fibromes (excroissances à l'intérieur de l'utérus) est plus fréquente chez les femmes plus âgées. Si leur taille devient importante, ils peuvent être responsables d'un accouchement prématuré.

Les femmes de plus de 35 ans font également plus souvent des grossesses multiples, sous l'effet de techniques de procréation assistée (voir p. 29) ou de manière naturelle, ce qui augmente mécanique-ment les risques d'accoucher prématurément.

COMMENT L'ÉVITER

Malheureusement, aucun traitement ne peut véritablement vous éviter d'accoucher avant terme. Des recherches ont démontré que les injections hebdomadaires de progestérone diminuaient les risques d'accouchement prématuré. Néanmoins, l'utilisation de la progestérone reste très controversée, et ce type d'injections n'est pas couramment pratiqué en France.

RECONNAÎTRE LE VRAI TRAVAIL

Si vous constatez des contractions régulières de votre utérus toutes les quinze minutes, contactez immédiatement votre médecin ou votre sage-femme.

TRAITEMENT

Si le travail a commencé et que vous êtes à moins de 34 semaines de grossesse, votre praticien vous prescrira des tocolytiques pour stopper l'activité utérine, ainsi que des corticoïdes, pour réduire le risque de complications pour le

bébé en cas de naissance prématurée. Les corticoïdes sont plus efficaces 48 heures après le début du traitement. L'objectif est donc d'empêcher l'accouchement dans les deux premiers jours. Vous devrez garder le lit et prendre des tocolytiques, qui peuvent avoir des effets secondaires. Votre praticien arrêtera en général le traitement au bout de 48 heures.

SURVEILLANCE

Après ce traitement, le praticien continuera de vous surveiller à l'hôpital ou chez vous, selon le degré de dilatation de votre col de l'utérus.

Test à la fibronectine Certains praticiens pratiquent ce test afin de déterminer si vos contractions sont une réelle source d'inquiétude. Un résultat négatif indique que les risques d'accoucher dans les prochaines semaines sont faibles (1 à 5 %).

À prendre au sérieux

Voici quelques signes d'accouchement prématuré. Si vous présentez un ou plusieurs de ces signes, contactez immédiatement votre praticien :

- douleurs abdominales ou contractions. Si les contractions sont douloureuses ou régulières (toutes les 15 minutes), contactez votre praticien ;
- pression au niveau du bassin ;
- augmentation importante des pertes vaginales ;
- diarrhées.

Un bébé prématuré *a besoin de soins spécifiques. Les risques qu'il encourt dépendent de son degré de prématurité.*

de problèmes respiratoires et d'autres complications, et devront être admis dans un centre de réanimation néonatale.

Si vous accouchez dans un centre qui n'est pas spécialisé dans les soins aux bébés prématurés, vous serez transférée dans un autre centre mieux équipé.

PLACENTA PRÆVIA

Ce terme signifie que votre placenta se trouve en travers de la « route » du bébé : le col de l'utérus. Le *placenta prævia* est souvent détecté en début de grossesse à l'échographie, et se résorbe tout seul dans 95 % des cas avant le troisième trimestre. Si au-delà de 28 semaines, le placenta empêche toujours le passage du fœtus, on conseillera une césarienne afin d'éviter tout risque d'hémorragie. Tant que le *placenta prævia* n'aura pas disparu, le praticien exigera de ne rien faire entrer dans le vagin (les relations sexuelles sont donc exclues !). En cas de saignements, vous serez hospitalisée pendant plusieurs semaines.

PRÉÉCLAMPSIE

Cette complication, aussi appelée toxémie gravidique, est une forme grave d'hypertension artérielle. Chez les femmes souffrant d'une prééclampsie « modérée », la tension commence à grimper dans les dernières semaines de grossesse.

Votre praticien pourra alors vous rassurer. S'il est positif, les risques sont plus élevés, mais rien ne dit que vous accoucherez bientôt.

RISQUES POUR LA MÈRE
Pour vous, les risques sont minimes. Vous accoucherez sans doute par césarienne : les bébés prématurés sont souvent en position transverse ou en siège. Vous êtes aussi plus exposée aux infections utérines, qui sont l'une des causes d'accouchement prématuré.

RISQUES POUR LE BÉBÉ
En revanche, un accouchement prématuré présente des risques sérieux pour le bébé, selon le degré de prématurité. Après 34 semaines, les risques de complication sont faibles. Si le travail débute après cette date, on ne vous prescrira pas

de corticoïdes ou de médicaments visant à arrêter les contractions, et l'accouchement pourra se poursuivre.

À moins de 28 semaines Avant 28 semaines, le bébé est exposé à plusieurs difficultés. Ses poumons ne sont pas arrivés à maturité, ce qui peut entraîner des problèmes respiratoires ; il est plus sensible aux infections, et peut souffrir d'autres complications, comme des hémorragies cérébrales mineures ou des problèmes auditifs.

Entre 28 et 34 semaines Les risques de complications à long terme sont moindres après 28 semaines. Néanmoins, les bébés nés entre la 28e et la 34e semaine peuvent souffrir

Mais contrairement à une hausse de tension classique, la prééclampsie affecte aussi d'autres organes, comme les reins et le placenta.

La prééclampsie se caractérise par la présence de protéines dans les urines, que l'on détecte par des analyses d'urine. Personne n'en connaît la cause, et il n'existe aucun traitement.

SYMPTÔMES

Les symptômes principaux de la prééclampsie au troisième trimestre sont les céphalées et le gonflement des mains et du visage. Si vous notez une enflure anormale ou souf-frez de maux de tête fréquents, non soulagés par le paracétamol, consultez votre praticien pour qu'il contrôle votre tension artérielle.

TRAITEMENT

Si vous développez une prééclampsie juste avant le terme, le praticien conseillera sans doute un accouchement immédiat. Si vous développez une prééclampsie et que votre bébé est prématuré, il vous placera en repos alité à l'hôpital, afin de faire baisser votre tension et de laisser au bébé le temps de se développer. On surveillera votre tension, et des analyses de sang seront effectuées afin de prévenir toute aggravation de la prééclampsie.

Parfois, la situation empire : la tension augmente de façon incontrôlable, les analyses de sang sont anormales, les fonctions rénales sont affectées, et dans certains cas une éclampsie survient. On conseille alors presque toujours l'accouchement immédiat.

La prééclampsie affecte le placenta et peut entraîner un retard de croissance du bébé. Cela peut le rendre incapable de supporter l'accouchement par voie basse, d'où un risque accru de naissance par césarienne.

GROSSESSE MULTIPLE

Les chances de donner naissance à des jumeaux ou à des triplés (voire plus) augmentent chez les femmes de plus de 35 ans : la probabilité qu'elles produisent plus d'un ovule par cycle est plus grande. Ces femmes font aussi plus souvent appel à la procréation assistée (voir p. 29), qui augmente les probabilités de grossesse multiple.

Les grossesses multiples sont considérées comme à très haut risque pour la mère et le bébé, et toutes sont étroitement surveillées.

RECHERCHE D'ANOMALIES

Une grossesse multiple complique les examens d'anomalies génétiques. Les tests sériques du premier et du deuxième trimestres visant à établir un risque de trisomie 21 sont beaucoup moins précis pour des jumeaux, et impossibles à utiliser pour des triplés. Bien des femmes

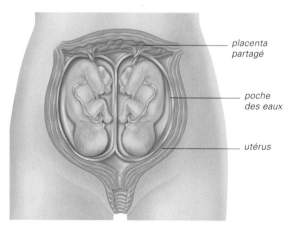

placenta partagé

poche des eaux

utérus

Les vrais jumeaux partagent le même placenta. La poche des eaux peut être commune ou séparée.

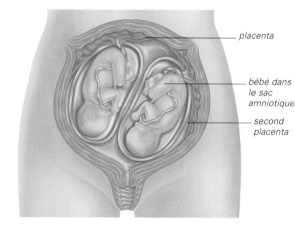

placenta

bébé dans le sac amniotique

second placenta

Les faux jumeaux ont chacun une poche des eaux complète et leur propre placenta.

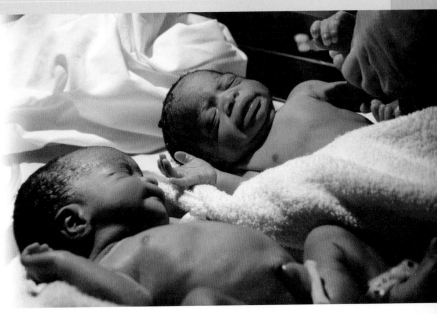

Les jumeaux peuvent naître par césarienne. Ils seront attentivement examinés dès leur naissance.

décident soit de renoncer aux tests, soit de procéder directement à un prélèvement de villosités choriales (voir p. 58-59) ou à une amniocentèse (voir p. 80-81). Ces tests rencontrent d'autres obstacles pour les jumeaux. Si l'on détecte une anomalie chez l'un des deux bébés, la décision peut être très difficile à prendre : faut-il pour-suivre la grossesse ou prendre le risque de la limiter à un seul bébé ?

RISQUES POUR LA MÈRE

Les grossesses multiples présentent un plus grand risque de complications, notamment de prééclampsie (deux à trois fois plus élevé), de diabète gestationnel et d'accouchement par césarienne (50 % plus élevé). Chez les femmes enceintes de triplés, la probabilité de développer un diabète gestationnel augmente très fortement, et presque toutes accouchent par césarienne.

L'inconfort maternel et la prise de poids (entre 16 et 20,5 kg) augmentent également dans le cas d'une grossesse multiple.

RISQUES POUR LE BÉBÉ

Les grossesses multiples présentent aussi des risques pour le bébé, dont le principal est la naissance prématurée. La moitié des grossesses gémellaires s'achèvent un mois avant terme, même si le risque de très grande prématurité (avant 28 semaines) est faible (entre 4 et 5 %). Les grossesses triples sont encore plus exposées à l'accouchement prématuré. Les femmes enceintes de triplés accouchent majoritairement avant 37 semaines, dont 12 % avant 28 semaines.

Comparée aux naissances uniques, la probabilité de retard de croissance intra-utérin augmente très largement pour les naissances multiples. Il arrive aussi que l'un des bébés meure avant la naissance. Bien que ce risque soit faible (inférieur à 3 %), les praticiens optent en général pour une surveillance étroite des bébés au troisième trimestre, en recourant régulièrement à des échographies et à des monitorings (voir p. 97), afin de contrôler la croissance et le bien-être des bébés.

Souvent, les praticiens conseillent aussi un accouchement à 38 ou 39 semaines pour les grossesses gémellaires.

ACCOUCHEMENT

Le risque de césarienne augmente pour les jumeaux. Tout d'abord, il est plus probable que le premier bébé se présente par le siège, ce qui peut impliquer un accouchement par césarienne. Ensuite, l'un des jumeaux, voire les deux, peuvent présenter des problèmes placentaires et un faible poids de naissance, et ne pas supporter l'accouchement.

Si le premier jumeau se présente la tête en bas, et que les deux ont à peu près la même taille, vous devriez pouvoir accoucher par voie basse. Même si votre second jumeau se présente par les pieds, un accouchement par voie basse est en général plus rapide et plus sûr, car le premier jumeau a déjà « ouvert le chemin ». La plupart des hôpitaux contrôlent le rythme cardiaque de chaque jumeau pendant l'accouchement.

Pour les grossesses triples, les praticiens conseillent en général un accouchement par césarienne.

TRAVAIL ET NAISSANCE

Pour bien des femmes, l'accouchement est douloureux et épuisant. Il est parfois facile d'oublier qu'il représente l'aboutissement de votre grossesse et que vous allez voir pour la première fois votre bébé.

La joie de voir votre bébé peut vous faire oublier les éventuelles difficultés de l'accouchement.

L'accouchement est différent pour les femmes plus âgées. Certaines différences sont plutôt positives : après 35 ans, vous êtes sûrement mieux informée sur la manière dont se déroule un accouchement, et votre réseau de soutien est sans doute plus étendu. Ces deux points sont essentiels : vous allez ainsi pouvoir participer activement aux prises de décision pendant l'accouchement, et vous vous sentirez soutenue dans vos choix.

D'un autre côté, la probabilité est plus grande d'accoucher avec des complications médicales, pour lesquelles des interventions comme le monitoring fœtal sont plus probables, tout comme le risque d'accoucher par césarienne.

GÉRER LA DOULEUR

De par votre âge, vous connaissez sûrement déjà les différentes façons de gérer la douleur pendant l'accouchement. Si c'est votre première grossesse, vous avez sans doute du mal à imaginer ce qu'est un accouchement, et il y a plus de probabilités que vous soyez épuisée que si vous étiez plus jeune. Il est donc important de connaître les solutions qui

existent, comme les techniques de respiration ou la péridurale.

Ces informations vous aideront à vous préparer au grand jour. Si vous avez des souhaits concernant l'accouchement, c'est le moment d'en discuter.

INTERVENTION MÉDICALE

Chez les femmes vivant leur première grossesse à plus de 35 ans, les interventions médicales pendant l'accouchement sont plus fréquentes (monitoring fœtal, traitement pour accélérer le travail, césarienne). Le nombre de césariennes augmente chez les femmes de plus de 35 ans en partie parce qu'elles présentent un risque accru d'antécédents médicaux ou de complications, par exemple un antécédent de myomectomie ou un *placenta prævia* (quand le placenta bloque l'ouverture du col). Dans ces cas, l'accouchement par voie basse est à éviter.

En vous informant sur les interventions possibles avant l'accouchement et en réfléchissant aux décisions que vous devrez prendre, vous vous sentirez plus facilement en confiance.

L'accouchement est **différent** pour les femmes de plus de 35 ans, qui ont une **maturité** et un soutien important, mais un **corps** moins résistant.

Préparer l'accouchement

L'accouchement angoisse bien des femmes. Vous avez peut-être été suivie pour votre grossesse considérée comme à risque, et vous connaissez sans doute les statistiques qui indiquent que les mères plus âgées et leur bébé ont souvent plus de complications au moment de la naissance. Informez-vous et mettez l'accent sur les aspects positifs afin de rester sereine. Essayez de faire de cette expérience la plus belle qui soit !

Face aux incertitudes que présente la naissance de votre bébé, il est parfaitement normal que vous vous sentiez nerveuse et inquiète. Néanmoins, le fait d'affronter vos peurs, de communiquer avec votre praticien, et de bien vous préparer à l'accouchement vous aidera à abor-

Préparez votre sac *longtemps à l'avance, afin de pouvoir partir pour l'hôpital dans les plus brefs délais si nécessaire.*

der ce grand moment avec calme et confiance.

AFFRONTER VOS PEURS

À mesure que l'échéance approche, beaucoup de femmes s'inquiètent à la perspective de souffrir et de s'épuiser pendant l'accouchement.

Gérer la douleur La douleur fait partie intégrante de l'accouchement, et c'est ce qui effraie la plupart des femmes. Il existe néanmoins des façons de réduire la douleur efficacement (voir p. 126-131). Demandez à votre praticien de vous en parler. Si vous connaissez bien les différentes méthodes de gestion de la douleur, vous serez plus à même de contrôler la situation le jour de l'accouchement.

Gérer l'épuisement Les femmes plus âgées ont plus de chances de s'épuiser pendant l'accouchement. Il est donc important de maintenir votre niveau d'énergie, en particulier pour pousser. Si vous êtes épui-

sée à la fin du travail, votre praticien proposera sans doute un accouchement au forceps ou à la ventouse. Afin d'être sûre de commencer le travail avec de bonnes réserves physiques, essayez de vous reposer le plus possible dans les semaines qui précèdent l'accouchement et de prendre plusieurs en-cas dans la journée afin de ne pas être affamée le moment venu.

SOYEZ PRÊTE

Un bébé en bonne santé arrivé à terme peut naître avec trois semaines d'avance. Prenez le temps de préparer la chambre du bébé pour le cas où il arriverait plus tôt que prévu. Si le temps vous manque, concentrez-vous sur l'essentiel : un endroit où faire dormir bébé, des couches, des lingettes et quelques vêtements. Vous pourrez toujours acheter le reste plus tard. Si vous accouchez à l'hôpital, préparez votre sac plusieurs semaines à l'avance.

Si vous avez d'autres enfants, n'oubliez pas de vous organiser pour les faire garder quand vous allez accoucher. Dès le début des contractions, vous serez plus en confiance si vous pouvez facilement contacter votre

Votre sac pour l'hôpital

Durant votre séjour à l'hôpital, le lait maternisé sera probablement fourni, mais pour le reste, c'est à vous de voir.

Pour votre compagnon

Nécessaire :

■ monnaie pour le téléphone ;

■ stylo.

Facultatif mais souhaitable :

■ appareil photo et caméscope ;

■ numéros de téléphone des proches ;

■ carte téléphonique ;

■ lecteur de cassettes ou CD ;

■ nécessaire de toilette ;

■ en-cas.

Pour vous

Nécessaire :

■ quelques vêtements pour rentrer chez vous ;

■ un élastique pour les cheveux ;

■ soutien-gorge de sport pour maintenir votre poitrine si vous n'allaitez pas ;

■ soutien-gorge de grossesse si vous allaitez ;

■ nécessaire de toilette ;

■ serviettes de toilette ;

■ serviettes hygiéniques.

Facultatif mais souhaitable :

■ votre projet d'accouchement ;

■ tablettes de sucre ;

■ bouteille d'eau ou boisson énergétique ;

■ musique ;

■ oreiller ;

■ baume à lèvres ;

■ chemise de nuit, pyjama, robe de chambre ;

■ livres sur l'allaitement (si vous êtes concernée).

Pour le bébé

■ bodies, grenouillères et couches ;

■ pour le retour à la maison, vous aurez besoin d'un siège-auto à installer face à l'arrière, de quelques vêtements, d'une couverture s'il fait froid.

---

compagnon ou l'un de vos proches, ainsi que votre sage-femme si vous accouchez à la maison. Faites la liste des numéros de téléphone des gens que vous appellerez, par exemple pour vous conduire à l'hôpital ou pour garder vos enfants.

ÊTRE BIEN ACCOMPAGNÉE

Le fait de se savoir entourée peut faire la différence, physiquement et moralement. Plusieurs personnes pourront vous assister et vous soutenir durant l'accouchement.

Votre compagnon ou votre soutien moral Son rôle est de veiller à votre confort pendant l'accouchement. Il peut par exemple vous tenir la main et masser votre dos, vous apporter de l'eau ou un gant de toilette pour rafraîchir votre front. Veillez à lui signifier clairement ce que vous attendez de lui et ce que vous souhaitez qu'il fasse avant le début de l'accouchement.

Votre sage-femme Elle est là pour vous assister durant l'accouchement et vous informer de la progression du travail. À l'hôpital, la sage-femme est disponible quand vous avez besoin d'elle, mais elle ne restera probablement pas tout le temps à vos côtés. Elle vous surveille attentivement, ainsi que votre bébé, afin de s'assurer que tout se déroule bien pour vous deux sur le plan médical. Elle peut vous conseiller plusieurs positions, et son aide peut également vous éviter de vous épuiser et vous permettre de mieux gérer la douleur durant le travail. Elle vous apprendra à pousser le moment venu. À moins que votre accouchement soit très rapide, vous aurez sûrement affaire à plusieurs sages-femmes.

Votre médecin Selon le type de suivi que vous avez choisi, le soignant peut rester auprès de vous tout au long du travail et de l'accouchement, ou au contraire ne pas être toujours présent. Une sage-femme est la plupart du temps à vos côtés, tandis qu'un médecin vient plutôt de temps à autre vérifier la progression du travail et vous donner conseil sur les interventions nécessaires.

Au moment d'accoucher, votre sage-femme sera là pour vous aider à pousser. Elle pourra demander l'assistance d'un médecin en cas de complications.

Votre projet d'accouchement

Peu pratiqué en France, le projet d'accouchement présente pourtant plusieurs avantages. Son objectif est de vous aider à clarifier vos souhaits concernant le travail et l'accouchement, et de vous assurer qu'ils seront respectés par votre compagnon ou votre entourage, et par le personnel médical. Ce projet doit être réaliste et, dans la mesure du possible, concis et facile à comprendre.

Discutez de vos préférences *avec votre compagnon et mettez-les par écrit, afin d'être sûre qu'il comprenne vos inquiétudes et qu'il agisse selon vos souhaits pendant l'accouchement.*

La première étape consiste à vous informer des différentes procédures et options disponibles lors de l'accouchement. Renseignez-vous également sur les différents modes d'accouchement, par exemple à domicile ou par césarienne programmée, afin de voir ce qui vous convient le mieux.

RÉDIGER UN PROJET D'ACCOUCHEMENT

Tout d'abord, faites la liste de ce qui vous tient le plus à cœur, comme par exemple la manière dont vous souhaitez accoucher (à la maison ou à l'hôpital) et les personnes que vous voudriez voir présentes lors de l'accouchement : votre compagnon, votre famille, vos amis et/ou vos enfants. Indiquez ensuite vos souhaits concernant le travail et la naissance (voir ci-contre). Discutez-en avec votre compagnon et, si besoin est, avec votre sage-femme. Veillez à ce qu'ils comprennent bien vos souhaits et vos inquiétudes.

En cas d'imprévu Vous devez également envisager les situations dans lesquelles l'accouchement ne se déroulerait pas comme prévu. Demandez à votre praticien de vous tenir informée des options qui s'offrent à vous, et de tenir compte de votre avis lors de la prise de décision. Néanmoins, dans certains cas, il devra agir rapidement, et la phase de consultation et de discussion sera probablement écourtée. Essayez de vous adresser à un praticien qui ait la même approche que vous concernant l'accouchement, et qui soit une personne en qui vous pourrez avoir confiance s'il s'agit de prendre des décisions d'urgence en votre nom.

DISCUTER DE VOTRE PROJET D'ACCOUCHEMENT

Vers le début du troisième trimestre, apportez votre projet à l'une de vos visites prénatales, et demandez à votre sage-femme ou votre médecin qu'ils vous donnent leur avis. Ils connaissent votre dossier médical et la manière dont s'est déroulée votre grossesse. Ils peuvent vous aider à prendre des décisions réalistes, qui optimiseront vos chances d'accoucher dans les meilleures conditions.

Il est important de tenir compte de leurs remarques, même si parfois vous souhaiterez insister sur certains points, notamment sur l'épisiotomie (voir p. 135), afin qu'ils comprennent ce qui est important pour vous.

Après cet entretien, vous pouvez préparer une version finale de votre projet, en intégrant les remarques de votre praticien. Il est important de rédiger un projet qui soit autant que possible concis et facile à comprendre. Dans l'idéal, il ne doit pas dépasser une page.

N'oubliez pas d'indiquer clairement votre nom en haut de la page.

Donnez-en un exemplaire aux personnes concernées Vous pouvez demander qu'une copie de la version finale de votre projet soit ajoutée à votre dossier médical. Votre praticien pourra la remettre au personnel médical de l'hôpital lorsque vous accoucherez.

Pensez également à emporter un exemplaire dans votre sac et à en donner un à votre compagnon ou à la personne qui vous assistera lors de l'accouchement.

EXEMPLE DE PROJET D'ACCOUCHEMENT

Nom

Nom du compagnon

Nom(s) du bébé

Autre soutien

Visiteurs autorisés durant l'accouchement (toujours me consulter au préalable)...

Pendant le travail, je préfère :

☐ Un monitoring fœtal intermittent

☐ Ne pas avoir de perfusion

☐ Perfusion OK, mais pas de pied à perfusion sauf pour des médicaments

☐ Accoucher dans plusieurs positions

☐ Boire ce que j'ai apporté

☐ Une amniotomie durant la phase active

☐ Laisser la poche des eaux se rompre spontanément

☐ Utiliser une baignoire d'accouchement entre deux mesures du rythme cardiaque du fœtus

Veillez à m'informer des interventions suivantes avant d'y procéder :

☐ Ocytocine

☐ Amniotomie

☐ Électrode céphalique

☐ Sonde utérine

Pour gérer la douleur, je préfère :

☐ Ne pas prendre de médicaments (sauf si je le demande expressément)

☐ Des antalgiques jusqu'à la péridurale

☐ Inhalation de MEOPA *via* un masque

☐ Inhalation de MEOPA *via* un embout

☐ Une péridurale dès que possible, mais pas d'antalgiques avant la péridurale

☐ Une péridurale dès que possible

Pendant l'accouchement, je préfère :

☐ Ne pas utiliser d'étriers (mon compagnon soulèvera mes jambes)

☐ Essayer diverses positions pour pousser (sur le côté, agenouillée, accroupie, etc.) pour choisir celle que je préfère

☐ Éviter un accouchement au forceps

☐ Éviter un accouchement à la ventouse

☐ Ne pas avoir d'épisiotomie (me demander mon avis avant d'y recourir)

☐ Lubrifiants pour le périnée (à l'huile d'olive ou à la glycérine, que je fournirai)

☐ Que mon compagnon coupe le cordon ombilical

☐ Que le bébé soit placé directement sur ma poitrine, sauf en cas de problème

☐ Que le bébé soit examiné et séché avant qu'on le place sur ma poitrine

☐ Voir mon bébé, mais ne pas me le donner tant que l'accouchement n'est pas terminé (sortie du placenta et réparation des déchirures)

Après la naissance :

☐ J'envisage d'allaiter

☐ J'aimerais allaiter tout de suite après la naissance

☐ Ne donnez pas de suppléments à mon bébé

☐ J'envisage de le nourrir au biberon

☐ J'aimerais qu'il reste avec moi dans la chambre

Déclenchement du travail

Nous ne connaissons pas exactement les facteurs déclenchants de l'accouchement. Ce serait, semble-t-il, le fœtus qui indique à l'utérus qu'il est prêt à voir le jour. Dès que votre utérus est prêt à commencer le travail, d'autres signaux stimulent les contractions. Néanmoins, si votre corps n'est pas prêt, tout ce que vous tenterez pour déclencher le travail ne fera qu'augmenter les contractions légères.

TRUCS MAISON

Le moyen le plus agréable de provoquer l'accouchement est de faire l'amour avec votre compagnon. Le sperme contient des prostaglandines, qui stimulent l'utérus. Les relations sexuelles sont sans danger pour votre bébé, à moins que votre praticien vous ait spécifiquement demandé de vous abstenir pour une raison médicale. La stimulation des tétons peut

cices, ce qui provoque une légère augmentation de l'activité utérine.

Remèdes à base de plantes Ils sont à éviter. Certains peuvent être dangereux, et la quantité de principes actifs contenus dans ces préparations varie énormément. Il est donc difficile de savoir combien vous et votre bébé en absorbez. De plus, les préparations dites naturelles

dès que votre **bébé** est prêt **à sortir**, **des signaux sont envoyés** à votre utérus

aussi provoquer l'émission d'ocytocine, une hormone qui provoque des contractions utérines et une maturation du col. Le mieux est de « rouler » les mamelons entre le pouce et l'index pendant 20 minutes, plusieurs fois par jour. D'autres moyens moins efficaces mais sans danger existent, comme marcher ou faire des exer-

La marche ne déclenche pas forcément l'accouchement si vous n'êtes pas prête, mais elle peut contribuer à stimuler l'utérus.

peuvent contenir des substances aux effets secondaires aussi graves que les médicaments vendus en pharmacie. Trouvez un compromis entre vos convictions et l'incertitude scientifique qui entoure la phytothérapie. L'huile de ricin et les lavements ne sont pas efficaces pour déclencher le travail et peuvent vous déshydrater.

DÉCLENCHEMENT MÉDICAL

Il n'est pas surprenant que de nombreuses femmes demandent à ce que le travail soit déclenché à l'approche du terme. Discutez-en avec votre praticien avant de choisir si vous voulez ou non recourir au déclenchement, car cela comporte des risques. Le déclenchement est déconseillé si vous avez déjà subi une césarienne.

Les risques Un accouchement déclenché est moins efficace qu'un accouchement spontané, et vous avez 1,5 à 2 fois plus de risques d'avoir besoin d'une césarienne si c'est votre premier bébé. Il dure aussi plus longtemps : vous devrez probablement passer un ou deux jours de plus à l'hôpital, le temps que votre col soit prêt pour le travail et que les contractions soient déclenchées par les médicaments.

MÉTHODES DE DÉCLENCHEMENT

Plusieurs méthodes aident à déclencher le travail.

Stimulation des membranes

C'est la méthode la moins intrusive. Pour « stimuler » les membranes, votre praticien procède à un toucher vaginal, puis insère un doigt entre le col de l'utérus et la poche des eaux, ce qui étire le col et stimule la sécrétion de substances naturelles qui favorisent la maturation du col et/ou l'augmentation des contractions. Il est fréquent d'avoir des pertes vaginales sur vos sous-vêtements à la suite de cette intervention, mais il est inutile de prévenir votre praticien à moins que les saignements soient importants, que vous ayez perdu les eaux, que le

bébé ne bouge pas fréquemment ou que le travail ait commencé. Cette méthode n'accroît pas les risques de césarienne, et ne fonctionne que si le col a commencé à s'ouvrir.

Accélération de la maturation du col

Plusieurs médicaments ou appareils peuvent être utilisés pour ramollir, raccourcir et dilater le col. Quand le col est dilaté et que les membranes ont été rompues, on administre de l'ocytocine pour déclencher les contractions (voir ci-dessous). On emploie en général des prostaglandines (en ovules ou en gel) ou une sonde de Foley (voir p. 132) pour faire mûrir le col.

Une sonde de Foley est un tube étroit muni d'un ballonnet à son extrémité, que l'on place dégonflé dans le col, puis que l'on gonfle en haut du col. Ces procédures ne sont pas plus désagréables qu'un simple examen vaginal, mais elles peuvent provoquer de légères contractions.

Ocytocine

Cette substance est naturellement sécrétée pendant le travail. Dans le cas d'un accouchement déclenché, on administre de l'ocytocine de synthèse

par perfusion intraveineuse pour déclencher les contractions. On l'utilise également pour intensifier les contractions pendant le travail (voir p. 134).

Certains pensent que l'ocytocine rend les contractions anormalement fortes, mais comme les premières contractions douloureuses sont intensifiées, cela peut vous aider à passer plus rapidement en phase active.

La plupart des hôpitaux pratiquent un monitoring fœtal et utérin continu (voir p. 133-134), pour contrôler tout signe de stress du bébé en cas d'injection d'ocytocine.

La quantité administrée peut augmenter ou diminuer pour réguler les intervalles entre les contractions.

Rupture des membranes

Si vous avez déjà accouché par voie basse, et que l'examen du col est « favorable », il suffit parfois de libérer le liquide amniotique qui entoure le bébé pour passer en phase active (voir p. 134). Dans certains cas, la rupture des membranes peut être combinée avec une injection d'ocytocine.

Raisons médicales du déclenchement

Il arrive parfois qu'un accouchement déclenché soit médicalement nécessaire. La poursuite de la grossesse présente alors des risques trop importants, pour vous et votre bébé. Parmi ces raisons médicales, citons par exemple :

- faible niveau de liquide amniotique dans l'utérus ;
- prééclampsie (voir p. 113) ;
- développement insuffisant du bébé (retard de croissance intra-utérin) ;
- grossesse prolongée (plus de 41-42 semaines).

Accoucher après 35 ans

Les prémices de l'accouchement sont suivis de trois étapes distinctes. Il semblerait que chez les femmes plus âgées n'ayant jamais eu d'enfant, le premier stade de la phase active dure plus longtemps que chez les femmes plus jeunes, mais globalement les principes restent les mêmes, quel que soit l'âge de la mère.

DÉBUT DU TRAVAIL

Durant les prémices de l'accouchement, qui peuvent être courts ou durer plusieurs jours, votre corps se prépare au grand événement. Vous avez sans doute noté une augmentation des contractions modérées, dites de Braxton-Hicks. Les fibres musculaires de l'utérus sont prêtes à réagir par des contractions intenses et régulières, qui auront pour conséquence d'effacer puis de dilater le col. Lorsque le col est effacé et commence à s'ouvrir, le bouchon muqueux est expulsé.

Quand partir à l'hôpital Si votre grossesse n'est pas à risque, vous serez bien mieux chez vous au début du travail. Il est néanmoins préférable de contacter votre praticien et/ou de partir immédiatement à l'hôpital si :

■ vous avez des contractions régulières toutes les 2 à 4 minutes, qui sont si fortes que vous ne pouvez pas parler quand elles ont lieu ;

■ vous avez des saignements vaginaux plus importants qu'une tache rosée sur le papier toilette ;

■ vous avez des pertes vaginales liquides ;

■ votre bébé ne bouge pas.

Un massage du dos peut vous aider à mieux gérer la douleur de l'accouchement.

Les stades du travail

La phase active se divise en trois étapes distinctes.

■ **Premier stade :** le col de l'utérus s'ouvre pour laisser le passage au bébé. C'est la phase la plus longue, en particulier s'il s'agit d'une première grossesse.

■ **Deuxième stade :** le col de l'utérus est désormais totalement ouvert, et le bébé passe par les voies génitales jusqu'au vagin et au monde extérieur. C'est ce que l'on appelle l'expulsion du bébé. Cette phase est en général plus longue lors de la première grossesse que lors des grossesses suivantes.

■ **Troisième stade :** le bébé est né, mais vous devez encore expulser le placenta. C'est la délivrance. Pour cela, votre accoucheur va masser votre utérus et tirer doucement sur le cordon ombilical. L'expulsion dure en général entre cinq et dix minutes, mais peut durer jusqu'à trente minutes.

Si votre grossesse est à risque, si votre bébé ne se présente pas tête en bas, si vous avez déjà eu une césarienne, ou si votre bébé a un retard de croissance, rendez-vous à l'hôpital en cas de contractions régulières, même si elles ne sont pas douloureuses.

DÉPART POUR L'HÔPITAL

Évitez de conduire pour vous rendre à l'hôpital. Une fois sur place, vous serez enregistrée puis transférée directement en salle de travail si vous êtes en phase active, sinon dans une chambre sous observation. Une sage-femme va prendre votre température et votre tension, et examiner votre col. Elle peut également placer le bébé sous monitoring.

Si le travail proprement dit a commencé, vous pouvez discuter avec votre sage-femme de votre projet d'accouchement. Dans le cas contraire, elle vous renvoie chez vous. Cela ne signifie pas que vous avez eu tort de vous rendre à l'hôpital. Il est important que l'équipe médicale sache où vous en êtes dans le processus de travail et qu'elle s'assure de l'état de santé du bébé.

PHASE ACTIVE

Chaque femme est différente, et la phase active du travail débute à des moments différents. On parle de phase active quand la dilatation du col atteint 4 cm. Au commencement de la phase active du travail, les contractions sont en général douloureuses et régulières (toutes les deux à trois minutes). La dilatation du col progresse d'environ 1 cm par heure. Si ce n'est pas le cas, deux explications sont possibles :

■ les contractions ne sont pas assez fortes ;

■ le bébé ne descend pas dans les voies génitales pour faire pression sur le col et provoquer sa dilatation.

Un peu plus tard, vous pouvez ressentir une envie irrépressible de pousser, à mesure que la tête du bébé commence à descendre.

POUSSÉE ET EXPULSION

Votre accoucheur ou sage-femme vous demande de ne pas pousser tant que votre col n'est pas totalement dilaté (10 cm), car sinon vous risquez de provoquer déchi-rures et saignements. À dilatation complète, vous pouvez commencer à pousser. En général, votre sage-femme vous indique comment faire. Il arrive parfois que vous ressentiez l'envie de pousser même sous péridurale, si le dosage est faible. Il existe plusieurs positions pour pousser : sur le dos, accroupie, sur le côté ou à genoux. Cette phase difficile dure entre deux heures (sans péridurale) et trois heures (avec péridurale) pour une première nais-sance. C'est pourquoi il est essentiel que vous soyez soutenue moralement.

DÉLIVRANCE

Le dernier stade du travail consiste à expulser le placenta. Le placenta est mou et spongieux, et facile à expulser en comparaison du bébé. Dans la plupart des cas, le placenta commence à se décoller de l'utérus dans la demi-heure qui suit la naissance.

Finalement, votre praticien répare les déchirures causées par l'accouchement et s'assure qu'aucun saignement ne persiste.

Gérer la douleur

La plupart des femmes appréhendent la souffrance de l'accouchement. Dans le cas d'un premier bébé, il est difficile d'imaginer ce qui vous attend. Si vous ne voulez pas recourir à un traitement médical contre la douleur, sachez que certaines femmes parviennent à s'en passer si elles sont épaulées, mais que beaucoup d'autres ont réellement besoin de recourir à un antidouleur.

Il est difficile de prévoir votre réaction face à la douleur tant que vous ne la ressentez pas. Chaque femme réagit différemment et vous ne pouvez pas prédire comment vous allez surmonter la douleur. Si vous commencez par refuser tout traitement antidouleur, et que vous finissez par y recourir, ne culpabilisez pas. Vous ne voudriez pas vous faire opérer de l'appendice sans anesthésie, et vous ne le considéreriez pas comme un échec. L'accouchement par voie basse est un processus naturel, quelle que soit la solution antidouleur que vous choisissez.

Le personnel médical ne doit pas supposer que vous allez finalement opter pour une péridurale, et refuser de vous soutenir lors d'un accouchement sans médication. Vous devez être libre de choisir et d'assumer les choix que vous aurez faits en votre âme et conscience.

ACCOUCHEMENT SANS MÉDICATION

Dans le cas où vous ne voulez pas recourir à un traitement médical pendant le travail, il faut planifier les alternatives avec soin.

De plus en plus de praticien s'adaptent à vos souhaits. Si vous optez pour un traitement médical, le plus important est de bien peser le pour et le contre entre l'efficacité des médicaments pour soulager la douleur et les effets secondaires pour vous et votre bébé (voir p. 128-131 pour plus d'informations sur la péridurale et les autres méthodes de gestion de la douleur).

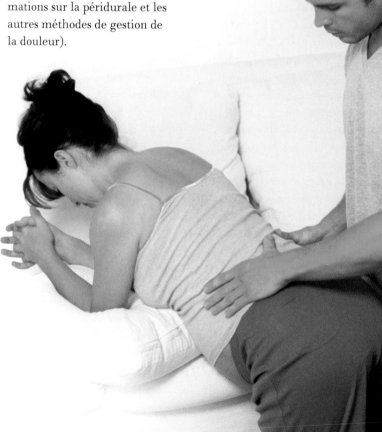

Faites-vous masser le bas du dos pour vous aider à vous détendre, surtout au début du travail.

Les deux facteurs importants à prendre en compte sont d'une part vos connaissances personnelles, et d'autre part le soutien de l'équipe médicale.

Renseignez-vous sur les différentes positions à adopter au début du travail, puis pour pousser. Enfin, choisissez d'accoucher dans un hôpital ou une maternité favorable à l'accouchement sans médication.

N'hésitez pas à poser des questions sur les positions, l'utilisation de baignoires d'accouchement pour se détendre et soulager la douleur, la disponibilité de certains équipements, comme les ballons de naissance. Pensez à apporter de la musique et des en-cas pour garder des forces, et à vous hydrater.

TECHNIQUES DE RESPIRATION ET DE RELAXATION

Pendant le travail, essayez plusieurs positions pour voir celle qui vous convient le mieux. Bougez si possible entre les contractions. Lors des contractions, mettez-vous sur un pouf ou appuyez-vous sur votre compagnon. Certaines femmes bougent les hanches ou changent de position pour se soulager. Essayez aussi de faire des mouvements répétitifs, comme vous balancer d'avant en arrière, bouger les bras ou serrer la main.

Certaines femmes trouvent la musique relaxante, tandis que d'autres ont du mal à la supporter.

Concentrez-vous pour respirer lentement, sans pour autant vous imposer un rythme précis, car vous risquez l'hyperventilation. Essayez

---

Soutien d'une doula

Un bon soutien pendant le travail peut faire la différence dans votre manière de gérer la douleur.

Certaines études montrent que la présence d'une doula lors de l'accouchement entraîne une réduction des taux de péridurale et de césarienne.

Les doulas sont des femmes qui ont pour vocation de vous guider et de vous soutenir pendant l'accouchement ou après la naissance de votre bébé.

Leur niveau d'expérience, leur philosophie et leur formation varient énormément, et dans certains cas, leurs services sont très coûteux. Faites appel de préférence à une doula expérimentée, avec laquelle vous vous sentirez parfaitement à l'aise.

L'accouchement est un moment intense et intime : le choix d'une doula implique de mettre un peu de temps et d'énergie à vérifier ses références et à solliciter ses points de vue, qui doivent être tout à fait en phase avec les vôtres. Les tarifs pratiqués varient énormément d'une doula à l'autre.

---

aussi de grogner, de gémir ou même de jurer si cela peut vous soulager. Ne laissez pas le personnel médical vous culpabiliser de vous exprimer pendant un accouchement non médicalisé.

Massage Votre compagnon peut vous masser le dos pour vous détendre entre les contractions. Si vous souhaitez utiliser l'aromathérapie pendant le travail, apportez les huiles avec vous à l'hôpital.

BAIN CHAUD

Un bon bain chaud au début du travail est sans danger et n'augmente pas les risques d'infection, que votre poche des eaux soit rompue ou non. Cela peut vous aider à vous détendre et à accroître votre bien-être. Certains hôpitaux possèdent des baignoires d'accouchement, utilisées pour soulager la douleur pendant le travail. Les opinions et les pratiques sur l'accouchement dans l'eau divergent, même si de nombreux hôpitaux l'autorisent. L'immersion dans l'eau chaude évite pendant quelque temps que la douleur s'accentue, une demi-heure environ, mais pas au-delà. L'effet est donc bref, mais peut aider au tout début du travail en favorisant la relaxation entre les contractions. Les femmes qui souhaitent maîtriser au mieux la douleur trouveront dans cette méthode une aide provisoire.

*Un **bain chaud** peut vous aider efficacement à faire face à la douleur au début du travail.*

La péridurale

De nombreuses femmes ont du mal à supporter la douleur de l'accouchement sans traitement antidouleur, et la péridurale est la solution la plus efficace. En France, plus de 60 % des femmes enceintes pour la première fois recourent à la péridurale. Beaucoup savent d'avance si elles souhaitent ou non y recourir, tandis que d'autres préfèrent attendre avant de prendre la décision.

COMMENT ÇA MARCHE

Lors d'une péridurale, on injecte une faible dose d'anesthésiant dans l'espace péridural qui entoure la moelle épinière. Le produit insensibilise les nerfs de toute la partie inférieure du corps, y compris l'utérus.

La péridurale est administrée par un anesthésiste. Il vous demande de vous pencher en avant afin d'introduire à travers une aiguille un mince cathéter creux pour le mettre en place dans l'espace péridural. Il vous administre d'abord une anesthésie locale, qui pique un peu, mais la procédure doit être indolore. Une fois le cathéter en place, il le fixe sur votre dos, afin de pouvoir en cas de besoin réinjecter facilement du produit anesthésiant.

La mise en place de la péridurale dure environ vingt minutes. La plupart des femmes notent une diminution immédiate de la douleur, mais il faut compter entre quinze et vingt minutes pour que l'effet soit total.

La péridurale a cet avantage de permettre une très bonne gestion de la douleur, tout en limitant le passage de produit dans le sang. Cela signifie que vous restez complètement éveillée, et que votre bébé n'est pas endormi après la naissance puisque l'anesthésiant ne traverse pas le placenta. De plus, l'administration du produit est progressive, ce qui vous assure une insensibilisation tout au long du travail.

LES TYPES DE PÉRIDURALES

Certaines péridurales plus modernes, appelées « péridurales ambulatoires », utilisent un dosage plus faible, ce qui vous permet de bouger vos jambes et de sentir la pression

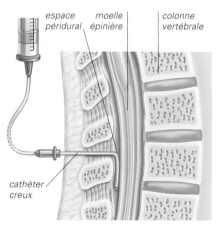

espace péridural   moelle épinière   colonne vertébrale

cathéter creux

Une péridurale est administrée par le biais d'un cathéter creux inséré dans l'espace péridural. L'anesthésiste vous demande de faire le dos rond afin de positionner correctement la péridurale.

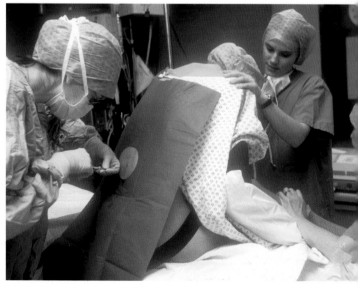

à mesure que la tête du bébé commence à sortir. Vous êtes ainsi plus à même de pousser, ce qui réduit la probabilité d'accoucher par césarienne ou au forceps.

Certains hôpitaux vous permettent de contrôler la péridurale en appuyant sur un bouton pour diffuser lentement l'analgésique.

Une autre technique est la rachianesthésie-péridurale combinée. Une faible dose de produit est injectée dans l'espace péridural avant la mise en place de la péridurale. L'action est quasi immédiate. Elle est souvent utilisée pour les femmes prêtes à expulser, ou lorsqu'une césarienne est nécessaire.

À QUEL MOMENT
De nombreux praticiens ne proposent une péridurale que lorsque vous avez atteint 4 cm de dilatation. Cette limite est néanmoins purement arbitraire. Si la douleur est très intense, il est toujours possible de pratiquer très tôt une péridurale. Discutez-en avec votre praticien avant le début du travail.

EFFETS SECONDAIRES
Comme toutes les interventions médicales, la péridurale a des effets secondaires pour vous et votre bébé. Cependant, les risques de complications graves sont très limités.

Travail plus long La plupart des études révèlent que la péridurale affaiblit les contractions, ce qui signifie qu'il existe une probabilité plus forte de devoir injecter de l'ocytocine pour relancer les contractions.

Les mythes au sujet de la péridurale

Selon l'un des principaux mythes à son sujet, la péridurale serait responsable de maux de dos chroniques. Mais des études ont démontré que la grossesse en elle-même en était la cause. Les femmes qui souffrent du dos pendant leur grossesse ont plus de risques d'avoir mal après la naissance. Même si l'on remarque parfois un point douloureux ou des ecchymoses dans le dos après une péridurale, le risque de souffrir du dos à long terme n'est pas plus élevé.

Un autre mythe est qu'elle affecte la capacité à allaiter. Aucune étude n'a cependant démontré que la péridurale diminuait les chances d'allaiter avec succès.

Votre bébé risque plus d'être endormi par les fortes doses de narcotiques administrés par injection (voir p. 131), que par les faibles quantités utilisées pendant une péridurale.

En moyenne, la péridurale prolonge la phase active du travail d'une heure environ. Elle accroît également la phase de poussée de près d'une heure. Comme cette phase est souvent épuisante, il est fort probable que votre praticien vous propose dans ce cas d'utiliser le forceps (voir p. 135).

Utilisation du forceps La péridurale diminue votre capacité à pousser efficacement, et elle double les risques de devoir accoucher au forceps ou à la ventouse. Le fait de diminuer la péridurale avant de commencer à pousser augmente vos chances de pouvoir pousser efficacement et d'éviter de recourir au forceps.

Fièvre La mise sous péridurale quadruple le risque de fièvre pendant l'accouchement. Bien que la plupart des spécialistes ne pensent pas que la fièvre soit liée à une infection, on risque de vous administrer des antibiotiques pendant le travail. Plus la péridurale dure longtemps, plus le risque de fièvre est important.

Soulagement insuffisant de la douleur Entre 9 et 15 % des femmes continuent à souffrir malgré la péridurale. Il faut parfois réinjecter une dose ou refaire une piqûre au-dessus de la première. Mais cela ne suffit pas toujours à soulager efficacement la douleur.

Démangeaisons Près de 26 % des femmes sous péridurale souffrent de démangeaisons, souvent soignées par des injections de médicaments.

Effets secondaires rares Il existe un faible risque que l'anesthésiste perfore la membrane qui recouvre la moelle épinière, ce qui provoque une fuite du liquide céphalorachidien. Il en résulte alors des maux de tête chroniques difficiles à soigner.

Près d'un tiers des futures mamans connaît une chute de tension après la péridurale, entraînant parfois des nausées.

Autres méthodes antidouleur

Bien que la plupart des femmes de plus de 35 ans finissent par recourir à la péridurale pour soulager la douleur du travail, d'autres options existent. N'hésitez pas à vous renseigner auprès de votre médecin ou de votre sage-femme. Les méthodes antidouleur sont très diverses et complémentaires, allant de l'acupuncture aux puissants narcotiques.

NEUROSTIMULATION TRANSCUTANÉE

La neurostimulation transcutanée consiste à envoyer de faibles impulsions électriques à travers la peau, afin de bloquer les messages de douleur envoyés au cerveau. Elle stimule également la production d'agents antidouleur naturels : les endorphines. Les neurostimulateurs sont des appareils de la taille d'une petite radio, reliés à des électrodes fixées sur la peau, en général sur le bas du dos. Les impulsions électriques provoquent des picotements que certaines femmes trouvent désagréables. Le seul effet secondaire est une légère irritation de la peau à l'endroit où les électrodes sont fixées. Cette méthode n'a aucun effet sur le bébé.

Des études ont démontré qu'elle n'apportait qu'une faible diminution de la douleur.

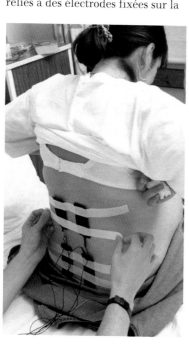

Lors de la neurostimulation transcutanée, des électrodes sont fixées sur le bas du dos, et reliées à un appareil de la taille d'une radio, qui envoie de faibles impulsions électriques.

ACUPUNCTURE

Certaines femmes trouvent que l'acupuncture aide à soulager la douleur. Plusieurs théories existent sur le fonctionnement de l'acupuncture. Dans la médecine occidentale, de fines aiguilles sont posées sur la peau pour stimuler les fibres nerveuses, et interceptent la douleur transmise par les nerfs au cerveau. Elles provoquent également la production d'endorphines, antidouleur naturel de votre corps. Des preuves contradictoires existent sur l'efficacité de cette méthode pour soulager la douleur. Cependant, elle peut réduire les probabilités de recourir à une péridurale. Si vous voulez à tout prix l'éviter, l'acupuncture peut vous aider. Vous devez néanmoins faire appel à un acupuncteur expérimenté, qui pourra vous assister pendant le travail, et vérifier que le règlement de l'hôpital autorise sa venue.

HYPNOSE

Il a été démontré que les femmes sensibles à l'hypnose étaient capables de diminuer la sensation de douleur provoquée par le travail.

L'hypnose est un état de profonde relaxation et de concentration, que vous pouvez apprendre à atteindre seule, grâce à une technique appelée autohypnose.

L'hypnose est sans danger, mais souvent coûteuse et seulement efficace chez les femmes qui y sont sensibles. De plus, elle n'apporterait qu'une faible diminution de la douleur. Si vous souhaitez l'utiliser, renseignez-vous sur les cours au début de votre grossesse.

INHALATION DE GAZ ANESTHÉSIQUE

Le MEOPA est un mélange de protoxyde d'azote et d'oxygène qui permet de soulager efficacement la douleur. Il faut attendre le début d'une contraction pour inhaler ce mélange « de gaz et d'air », *via* un masque ou un embout. Il produit parfois une sensation de flottement, mais les effets sont de courte durée.

Le MEOPA est particulièrement efficace à la fin du premier stade de travail et le temps que la péridurale fasse effet.

MÉDICAMENTS ANALGÉSIQUES

Les médicaments analgésiques, tels que la péthidine et le meptazinol, peuvent être proposés pendant le travail. Ces dérivés morphiniques sont administrés par perfusion intraveineuse. Ils apportent une diminution de la douleur, sans toutefois la supprimer. Ils peuvent également produire certains effets secondaires (nausées ou somnolence). C'est pourquoi on en utilise uniquement au début du travail, avant que vous ne ressentiez l'envie de pousser (la plupart des femmes tolèrent mieux la douleur une fois qu'elles ont commencé à pousser, et souhaitent rester énergiques et alertes à ce stade du travail).

Certaines femmes ont recours à ces médicaments uniquement pour soulager la douleur du travail, tandis que d'autres les utilisent comme moyen de gérer la douleur jusqu'à la péridurale (pour laquelle il faut attendre une dilatation de 4 cm). Ils affectent votre niveau de vigilance et leurs effets mettent du temps à disparaître.

Choix du médicament La plupart de ces médicaments ont des efficacités équivalentes et produisent les mêmes effets secondaires. Certains peuvent néanmoins s'avérer plus dangereux pour le bébé. Demandez à être informée des médicaments qui vous sont administrés pendant le travail. La péthidine est parfois utilisée en France, mais elle reste plus longtemps dans l'organisme du bébé, et provoque des problèmes de somnolence et d'allaitement. Le meptazinol et la morphine sont moins dangereux : ils s'éliminent plus rapidement. Renseignez-vous sur les options disponibles dès le début du travail. Rappelez-vous que tous ces médicaments peuvent endormir le bébé et affecter son rythme cardiaque. S'il est endormi à la naissance, il recevra une injection de naloxone, qui sert d'antidote aux effets des analgésiques.

Les nausées font partie des effets secondaires : de nombreux praticiens prescrivent donc automatiquement des anti-émétiques, qui peuvent donner envie de dormir. Vous n'êtes pas obligée d'en prendre, à moins d'avoir des nausées.

RACHIANESTHÉSIE

La rachianesthésie est souvent utilisée pour bloquer la douleur pendant une césarienne. Comme la péridurale (voir p. 128), elle insensibilise la moitié inférieure du corps. En revanche, une aiguille est insérée non pas autour, mais à l'intérieur du liquide céphalorachidien, afin d'y injecter une faible dose d'anesthésiant. Une fuite du liquide céphalorachidien survient dans près de 1 % des cas, et peut entraîner des maux de tête. La rachianesthésie ne permet qu'une seule injection et ne dure qu'une ou deux heures.

ANESTHÉSIE DU NERF HONTEUX

Si vous n'êtes pas sous péridurale ou si celle-ci fonctionne mal (ce qui est rare), votre praticien peut avoir besoin d'insensibiliser la région du bassin en prévision d'un accouchement au forceps, ou pour réparer une déchirure. Cette technique réduit efficacement la douleur dans le vagin et dans le périnée.

Pour guider l'injection, le praticien insère ses doigts à l'intérieur du vagin. Une faible quantité d'anesthésiant est ensuite injectée dans les tissus vaginaux.

Assistance médicale

Il arrive que l'accouchement ne se déroule pas comme prévu, et ce risque augmente avec l'âge. Certaines femmes ont en tête l'idéal d'un accouchement naturel, mais dans la réalité, de nombreuses interventions sont nécessaires. Il est crucial d'y penser avant le début du travail, car une fois que la douleur sera là, il vous sera difficile d'assimiler de nouvelles informations.

PERFUSION INTRAVEINEUSE

Certains hôpitaux préfèrent vous poser une perfusion (canule) pendant le travail, quel que soit votre âge. Il s'agit d'un mince tube de plastique, inséré dans l'une des veines de la main ou de l'avant-bras. Il n'est pas nécessaire de l'attacher au goutte-à-goutte, sauf s'il faut vous administrer de l'eau ou des médicaments. Pour éviter toute coagulation, on ajoute une faible dose d'anticoagulants, puis on recouvre la perfusion de plastique, au cas où vous voudriez prendre un bain. Plusieurs raisons peuvent justifier la pose d'une perfusion :

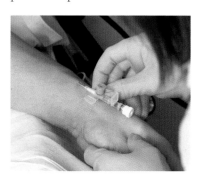

Une perfusion est posée dans une veine de l'avant-bras, afin d'administrer rapidement de l'eau ou des médicaments.

- pour vous administrer divers médicaments, comme l'ocytocine afin d'accélérer le travail (voir p. 134) ;
- pour éviter la déshydratation. L'inconvénient est que vous êtes reliée à une poche attachée à un pied à perfusion, ce qui vous rend moins mobile ;
- pour vous injecter rapidement du sang ou des médicaments en cas de besoin.

Pour ou contre Les risques liés à la pose d'une perfusion sont infimes, mais elle peut être gênante. Les avantages sont néanmoins bien réels. Par exemple, si vous êtes sûre de vouloir une péridurale, la perfusion sera nécessaire. Une bonne hydratation (en injectant de l'eau par voie intraveineuse) peut aussi vous aider pendant le travail.

Une étude a démontré qu'un apport plus élevé en eau par intraveineuse réduisait de moitié le risque de travail prolongé (plus de douze heures). Enfin, bien que rare, l'hémorragie est la principale cause de décès pendant l'accouchement. La pose d'une perfusion permet d'intervenir rapidement en cas d'urgence.

SONDE DE FOLEY

Une sonde est un tube que l'on installe dans votre vessie et qui est relié à une poche pour recueillir votre urine. Elle peut également être utilisée pour déclencher le travail (voir p. 122–123).

Si vous avez eu une césarienne, ou une complication pouvant affecter les reins (comme une prééclampsie), il faut vous installer une sonde qui restera en place jusqu'à la naissance, afin de contrôler le fonctionnement de vos reins.

Néanmoins, vous pouvez dans certains cas éviter la pose d'une sonde urinaire. Même si elle vous est conseillée lors d'une péridurale, il est plus sûr d'utiliser un bassin hygiénique. Si vous avez du mal à uriner seule, l'infirmière peut placer une sonde dans votre vessie toutes les deux heures, mais la retirer en cas de besoin. Le risque d'infection urinaire et rénale est moins élevé si vous utilisez l'une de ces techniques, que si la sonde reste en permanence dans votre vessie. Les infections urinaires peuvent prolonger votre séjour à l'hôpital.

MONITORING

Pendant le travail, vous serez régulièrement placée sous monitoring, afin de contrôler vos contractions et le bien-être du bébé. Le monitoring électronique fœtal (MEF) est un appareil qui enregistre le rythme cardiaque du bébé et mesure l'intensité et le rythme de vos contractions. Vous pouvez être suivie par un monitoring intermittent ou continu.

MONITORING INTERMITTENT

À moins que votre grossesse soit à risque (pour des raisons autres que votre âge), vous n'avez pas besoin d'être en permanence sous monitoring pendant le travail. Des études ont démontré que le monitoring intermittent est aussi fiable que le monitoring continu, à condition d'être suivie par votre propre sage-femme. Le rythme cardiaque du bébé sera contrôlé toutes les trente minutes au cours de la phase active, et toutes les quinze minutes lorsque vous pousserez.

MONITORING CONTINU

Le monitoring continu contrôle votre bébé et vos contractions en permanence. Dans la plupart des cas, vous pouvez quand même vous lever, vous asseoir ou vous accroupir, en dépit du dispositif. Deux capteurs sont posés sur votre ventre à l'aide de ceintures souples, et reliés à un appareil enregistreur. L'un mesure le rythme cardiaque fœtal, et l'autre l'intensité de chaque contraction.

Certains hôpitaux disposent d'appareils qui fonctionnent par

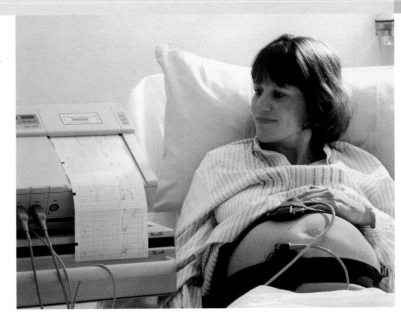

ondes radio et vous permettent ainsi de vous déplacer librement.

Pour ou contre Avec le monitoring fœtal continu, vous encourez plus de risques d'accoucher par césarienne, au forceps (voir p. 135) ou avec l'aide d'une ventouse (voir p. 136). Comme votre praticien visualise en permanence les variations du rythme cardiaque du bébé, cela peut devenir une source d'inquiétude. Il est malheureusement impossible de connaître les causes d'anomalies cardiaques. Elles peuvent être bénignes ou indiquer une baisse d'oxygénation, qui peut être grave. Afin de minimiser les risques pour le bébé, les praticiens conseillent d'effectuer un prélèvement sanguin sur le crâne du bébé, pour voir s'il réagit bien au travail. Si le prélèvement indique une baisse d'oxygénation, une césarienne est alors conseillée, – à moins que l'expulsion ne soit imminente.

Le rythme cardiaque du bébé et l'intensité des contractions sont surveillés et enregistrés par un appareil située à côté du lit.

Au cas où une variation du rythme cardiaque du bébé surviendrait lorsque vous poussez, votre praticien peut vous conseiller l'utilisation du forceps ou de la ventouse. En plus d'accroître les risques de césarienne, il se peut que vous trouviez ces ceintures inconfortables. Les avantages du monitoring fœtal ne sont pas clairement identifiés, même si les spécialistes s'accordent à penser que le monitoring continu réduit les risques d'attaque chez le bébé après la naissance.

La plupart des hôpitaux exigent au minimum la mise en place d'un monitoring intermittent. Si vous souhaitez accoucher sans monitoring, idenfitiez les rares hôpitaux qui acceptent ce type de demande.

ÉLECTRODE CÉPHALIQUE

La pose d'une électrode sur la tête du bébé est une autre façon de contrôler électroniquement son rythme cardiaque. Au lieu d'écouter à travers votre peau et votre utérus, on place lors d'un toucher vaginal, une petite électrode sur la tête du bébé, ce qui n'est en rien gênant. Votre praticien l'utilise s'il s'inquiète du rythme cardiaque du bébé, ou s'il ne parvient pas obtenir un bon signal du moniteur externe.

Inconvénients Les risques pour le nouveau-né sont infimes. Il existe un faible risque que le bébé développe une infection du cuir chevelu, que l'on traite avec des antibiotiques. Votre praticien ou votre sage-femme doivent au préalable vous expliquer la procédure, et la raison pour laquelle elle est pratiquée.

Une fois l'électrode en place, vous ne devez pas vous éloigner du moniteur cardiaque, même si vous pouvez changer de position pendant le travail.

SONDE INTRA-UTÉRINE

Cette sonde est utilisée pour mieux évaluer les contractions intra-utérines. Il s'agit d'un mince tube flexible, généralement mis en place lors d'un toucher vaginal. La procédure n'est pas douloureuse, et une fois en place, vous ne sentirez même pas la sonde. Bien que les risques de cette procédure soient minimes, la pose n'est pas systématique.

Vous devez être informée de la pose d'une sonde utérine et de la raison qui la motive.

ACCÉLÉRATION DU TRAVAIL

Si vous êtes en phase active, mais que votre col de l'utérus ne se dilate pas comme prévu, votre praticien peut vous proposer d'accélérer le travail de deux façons : en rompant la poche des eaux (amniotomie) ou en vous administrant de l'ocytocine. La probabilité de recourir à cette intervention s'accroît avec l'âge, en particulier si c'est votre première grossesse.

AMNIOTOMIE

La rupture de la poche des eaux (amniotomie) est indolore et sans danger pour vous et votre bébé. Elle peut diminuer le temps de travail d'une à deux heures, et réduire fortement la probabilité d'utiliser de l'ocytocine au cours du travail (voir ci-dessous). Cette pratique ne diminue pas le risque de césarienne.

Dans le cas d'un premier accouchement, la rupture de la poche des eaux est en général pratiquée pendant la phase active (lorsque le col atteint une dilation de 4 cm). Si vous avez déjà accouché par voie basse, l'amniotomie peut être pratiquée sans danger pendant les premières phases du travail, et même pour les déclencher. Le médecin ou la sage-femme rompt la poche des eaux en introduisant un instrument terminé par un crochet dans le vagin, à travers le col, pour piquer la membrane et permettre au liquide amniotique de s'écouler.

OCYTOCINE

L'ocytocine est une hormone produite par l'hypophyse, que l'on emploie au cours de l'accouchement pour renforcer et régulariser les contractions (ainsi que pour déclencher le travail, voir p. 123). Une fois en phase active (lorsque le col atteint une dilation de 4 cm), l'équipe médicale observe si le col se dilate d'au moins 1 cm par heure.

Les femmes de plus de 35 ans ont plus de probabilités d'avoir besoin d'ocytocine pendant le travail, pour assurer une progression régulière du travail. Lorsque l'injection est pratiquée, vous devez rester reliée à un pied à perfusion. Certaines femmes redoutent d'avoir des contractions plus fortes et plus douloureuses après l'injection d'ocytocine, mais dites-vous que des contractions plus faibles ne sont pas non plus agréables. Si vous souffrez, autant que ce soit pour favoriser la dilatation du col. La probabilité de recourir à l'ocytocine après une péridurale est plus élevée, mais dans ce cas, vous ne sentez pas de fortes contractions.

On commence toujours par un faible dosage, que l'on augmente jusqu'à obtenir de véritables contractions. Si les contractions deviennent trop fortes ou trop fréquentes, on réduit le dosage – le produit est rapidement éliminé par l'organisme. Bien utilisée, l'ocytocine est sans danger, et peut réduire le risque de césarienne. Elle est également administrée après l'expulsion afin de réduire les saignements vaginaux et pour maintenir l'utérus contracté.

ÉPISIOTOMIE

L'épisiotomie consiste en une incision du vagin afin de faciliter l'expulsion du bébé. Autrefois, on pensait que l'épisiotomie permettait d'éviter les déchirures, mais ce point n'ayant pas été formellement prouvé, on ne pratique plus d'épisiotomies de routine. Néanmoins, en cas de souffrance fœtale exigeant un accouchement immédiat, une épisiotomie peut s'avérer nécessaire.

En France, l'incision est généralement pratiquée vers l'arrière de votre cuisse droite (médiolatérale). Une épisiotomie en coupe droite (vers le rectum) double le risque de déchirures du rectum ou des tissus qui l'entourent. L'épisiotomie médiolatérale n'augmente pas le risque de déchirures rectales, mais la récupération est plus douloureuse en cas de déchirure spontanée. Les déchirures des muscles rectaux doublent les risques de problèmes de contrôle des sphincters ; ceux-ci restent toutefois relativement faibles. Ces problèmes sont difficilement réparables par acte chirurgical.

En raison des risques potentiels à long terme après une épisiotomie, il est dans votre intérêt d'en discuter sérieusement avec votre médecin ou votre sage-femme dès le début de la grossesse. La plupart des sages-femmes et des médecins ne pratiquent des épisiotomies qu'en cas de souffrance fœtale nécessitant un accouchement immédiat. Les réparations d'épisiotomies sont en général assez rapides et sont identiques à celles des déchirures obstétricales (voir p. 136).

FORCEPS

Le forceps est un instrument en forme de pince, destiné à saisir la tête du bébé pour l'aider à sortir du vagin. En général, le forceps est sans danger pour le bébé, malgré certains dommages en de rares occasions. Néanmoins, les complications potentielles de l'utilisation du forceps peuvent être plus sérieuses pour la mère, notamment avec l'augmentation du risque de déchirures des muscles rectaux, en particulier s'il s'agit d'un premier accouchement. En cas de déchirure importante, la probabilité de souffrir d'incontinence fécale s'accroît.

Si le risque de déchirure importante est d'environ 30 % pour une première grossesse, une faible proportion de femmes souffre réellement d'incontinence. Malgré ces risques, le forceps peut s'avérer nécessaire en cas de souffrance fœtale en fin de travail. Il permet de sortir plus rapidement le bébé, et se révèle par conséquent moins dangereux qu'une césarienne. Si l'on vous propose le forceps pour écourter la phase de poussée, ou parce que vous êtes fatiguée, réfléchissez bien aux risques potentiels. Il semblerait que le fait de pousser longtemps augmente le risque d'incontinence urinaire, mais il n'a pas été formellement prouvé que l'utilisation du forceps pour réduire le temps passé à pousser diminuait ce risque. Vous pouvez choisir de continuer à pousser ou demander une césarienne afin d'éviter tout dommage au niveau du rectum. Bien que les praticiens préfèrent généralement, à ce stade du travail, l'utilisation du forceps à une césarienne, je pense que ce choix vous appartient.

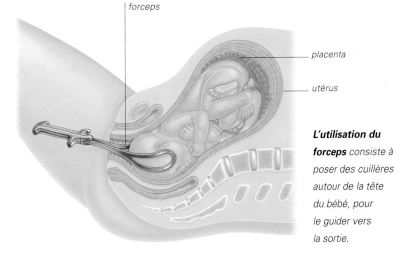

forceps

placenta

utérus

L'utilisation du forceps consiste à poser des cuillères autour de la tête du bébé, pour le guider vers la sortie.

VENTOUSE

La ventouse se compose d'une cupule en métal ou en plastique, que l'on place sur le sommet du crâne du bébé, afin de le guider vers la sortie. La cupule est attachée à un tube qui la relie à l'appareil de succion.

Comme le forceps, la ventouse est un moyen efficace d'expulser le bébé, si vous commencez à fatiguer à force de pousser, ou si cette phase se prolonge. Puisque la tête du bébé subit une succion, il arrive que des ecchymoses apparaissent sur son crâne. Il existe également pour vous un risque de déchirure important, bien qu'il semble moins élevé que lors de l'utilisation du forceps. Pour le bébé, le risque de blessures est le même, voire légèrement plus faible à celui encouru lors de l'utilisation du forceps.

appareil de succion

placenta

utérus

Une ventouse est placée sur le crâne du bébé afin de pouvoir le tirer vers la sortie.

RÉPARATION DES DÉCHIRURES

Si vous avez subi une déchirure après la naissance de votre bébé, le praticien suture les tissus déchirés en utilisant des fils solubles. Vous n'aurez pas besoin de venir vous les faire retirer.

La péridurale permet de ne sentir pratiquement rien pendant la réparation. Si vous n'y avez pas eu recours, le praticien vous injecte une anesthésie locale afin d'endormir cette zone avant de vous suturer.

Après la naissance, votre praticien vous montrera comment nettoyer vos points de suture et en prendre soin. Les bains de sel ne sont pas nécessaires.

En général, les praticiens conseillent d'attendre au moins six semaines avant d'avoir des rapports sexuels, car la zone suturée peut être douloureuse.

CÉSARIENNE

En général, la césarienne est conseillée quand le travail ne progresse pas, ou lorsque le bébé montre des signes de stress. La probabilité d'avoir une césarienne est deux à trois fois plus élevée pour les femmes de plus 35 ans. Si c'est votre première grossesse et que vous avez 35 ans ou plus, le risque de césarienne est d'environ 30 à 40 %. Si vous avez déjà accouché par voie naturelle, ce risque est d'environ 20 %.

Une césarienne est une intervention chirurgicale : si vous étiez jusqu'à présent suivie par une sage-femme, l'implication d'un obstétricien devient maintenant nécessaire. Votre partenaire (ou la personne qui vous accompagne) peut parfois être présent dans la salle d'opération, et rester auprès de vous pendant l'intervention, sauf en cas d'anesthésie générale.

ANESTHÉSIE

Dans la plupart des cas, vous êtes réveillée pendant toute l'intervention, mais la partie inférieure de votre corps est insensibilisée à l'aide d'une péridurale ou d'une rachianesthésie (voir p. 128–129). Bien que vous ne ressentiez pas la douleur, il se peut que vous perceviez une pression lorsque les praticiens vous touchent. Ne paniquez donc pas si c'est le cas.

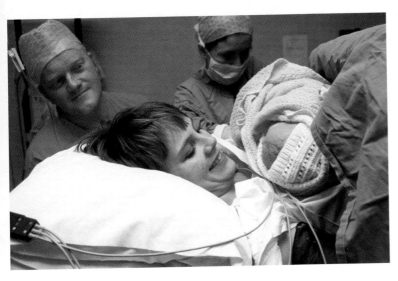

Une césarienne est en général très rapide, et vous pouvez même voir et tenir votre bébé peu après.

CÉSARIENNES D'URGENCE

Si une césarienne d'urgence est nécessaire, tout va plus vite. La principale différence est que les médecins n'auront sans doute pas le temps de vous faire une péridurale ou une rachianesthésie, et que vous serez probablement endormie pendant toute l'intervention. Même si c'est rare, il est également possible que l'on procède à une incision verticale afin d'accélérer l'expulsion. En général, les médecins pratiquent une incision horizontale dans l'utérus. Mais il faut parfois procéder à une incision verticale (classique) si le bébé est très prématuré et/ou s'il se trouve dans une position inhabituelle. Les médecins évitent en général les incisions classiques, qui présentent plus de risques de se rouvrir si vous êtes de nouveau enceinte.

DÉROULEMENT

Les médecins pratiquent une incision horizontale de la peau juste au-dessus de l'os pubien. Ensuite, l'utérus est ouvert, en général dans le sens horizontal. Le bébé est extrait par l'incision utérine et abdominale, le cordon est coupé et le bébé est confié à la sage-femme.

Vous pouvez attendre la fin de l'intervention pour tenir votre bébé, mais votre compagnon doit pouvoir le tenir près de vous juste après la naissance. Moins de dix minutes se seront écoulées entre la première incision et la naissance de votre bébé, en particulier si c'est votre première césarienne.

Le placenta est ensuite retiré de l'utérus, puis l'on procède à la réparation de l'incision utérine avec une ou deux couches de points de suture, à l'aide de fils solubles. À ce stade de l'intervention, il est fréquent de se sentir nauséeuse ou d'avoir envie de vomir.

Une deuxième couche de points de suture permet de recoudre les tissus de la ceinture abdominale, appelés fascia. On suture enfin la peau, par des points ou des agrafes. Cette phase dure entre vingt et trente minutes.

Si on vous a posé des agrafes, elles seront retirées deux à quatre jours plus tard, avant que vous quittiez l'hôpital. Cette procédure est indolore.

Comment éviter une césarienne

Avec l'âge, les probabilités d'avoir recours à une césarienne augmentent. Il existe néanmoins plusieurs manières de réduire ce risque :

■ entretenir votre forme physique avant la grossesse. Vous serez ainsi capable de faire face aux contractions et de pousser plus efficacement ;

■ éviter de déclencher le travail si ce n'est pas nécessaire médicalement ;

■ limiter votre prise de poids pendant la grossesse à moins de 16 kg ;

■ boire si possible beaucoup d'eau, ou vous faire poser une intraveineuse pendant le travail afin de rester bien hydratée. Il a été démontré que cela réduisait le temps de travail ;

■ rester chez vous jusqu'à la phase active : tant que le bébé bouge bien, que la poche des eaux n'est pas rompue et qu'il n'y a pas de saignements.

ÊTRE MÈRE

DONNER **NAISSANCE** EST UNE **EXTRAORDINAIRE** PERFORMANCE. DÉSORMAIS, VOUS DEVEZ APPRENDRE À VOUS OCCUPER DE VOTRE **NOUVEAU-NÉ**. SI C'EST LE PREMIER, RIEN NE PEUT VRAIMENT VOUS Y **PRÉPARER**. LE TEMPS NE VOUS APPARTIENT PLUS, ET VOUS VOUS SENTEZ SANS DOUTE À LA FOIS **FOLLE DE JOIE** ET **ÉPUI-SÉE**. LE **SOUTIEN** DE VOS AMIS, DE VOTRE FAMILLE ET DE PROFESSIONNELS EST VITAL, CAR VOUS DEVEZ **NOUR-RIR ET PRENDRE SOIN** DE VOTRE BÉBÉ. **VOTRE CORPS** AURA BESOIN DE TEMPS POUR RÉCUPÉRER, ET IL FAUDRA AUSSI VOUS PRÉPARER À **REVENIR AU TRAVAIL**.

Récupérer après la naissance

L'accouchement a peut-être été difficile, et les jours qui suivent sont souvent un mélange de soulagement, de joie et d'épuisement. Repos, régime et exercice sont la clé d'une bonne récupération physique et morale. Vous devez prendre soin de vous dans les jours et les semaines qui suivent l'arrivée de votre bébé, afin d'assumer pleinement votre nouveau rôle de parent.

En tant que couple, vous souhaitez reprendre une vie normale le plus vite possible après la naissance de votre bébé. Il est néanmoins important d'écouter votre corps et de ne pas vous montrer trop exigeante envers vous-même après l'accouchement.

REPOS

On sous-estime souvent l'énergie physique et mentale dépensée pour donner naissance à un bébé. Lors de l'accouchement, votre corps a subi de profonds changements, sous l'impulsion d'importants ajustements hormonaux. Vous devez donc vous reposer pour retrouver un bon équilibre.

Après 35 ans, le corps met plus de temps à récupérer Vous pouvez aider votre corps à récupérer de différentes façons. Tout d'abord, même si vous avez beaucoup de choses à faire, prenez le temps de vous reposer dès que vous le pouvez. Essayez de faire un somme dans la journée afin de rattraper le retard accumulé pendant la nuit, ou au moins de vous allonger et de vous détendre. Ensuite, acceptez l'aide de votre famille et de vos amis. Admettez que vous avez besoin de repos, même si vous ne vous sentez pas fatiguée. Les femmes très indépendantes ont parfois du mal à accepter l'aide des autres.

ALIMENTATION

Il est essentiel de bien manger après la naissance de votre bébé, et ce pour plusieurs raisons. Votre alimentation aide votre corps à guérir, à refaire le plein des ressources utilisées durant l'accouchement, et à aider la perte de poids naturelle après la naissance. Les femmes plus âgées

rencontrent souvent des obstacles pendant l'accouchement, elles doivent donc suivre attentivement les conseils de leur praticien.

Poursuivre la prise de suppléments prénatals
Les femmes doivent en général poursuivre la prise de suppléments, au moins pendant quelques semaines après l'accouchement. L'allaitement épuise vos réserves de fer ; il faut donc consommer des aliments qui en contiennent beaucoup.

Consommer des aliments riches en fer pour l'énergie Même lors d'un accouchement par voie basse, vous perdez entre 300 et 500 ml de sang, et une perte importante peut vous affaiblir. La consommation d'aliments riches en fer peut renforcer la capacité du sang à transporter de l'oxygène, et par là même votre équilibre énergétique. La viande rouge, les légumes verts, le pain et les céréales sont riches en fer (voir p. 48–49).

Inclure de la vitamine C pour la cicatrisation
Les femmes qui ont eu une déchirure du périnée, une épisiotomie ou une césarienne doivent prendre de la vitamine C, afin de favoriser la cicatrisation dans les semaines qui suivent l'accouchement. Les fruits, les légumes et les jus de fruits sont très riches en vitamine C (voir p. 72-73).

Aider la perte de poids naturelle Mangez peu mais souvent : cela relancera la capacité de votre corps à se défaire des kilos dont il n'a plus besoin. Des études ont

Faire des siestes lorsque votre bébé dort vous aidera à mieux faire face aux inévitables nuits agitées.

démontré que les femmes qui ne perdent pas leur poids de grossesse, dans les mois qui suivent l'accouchement, gardent ce poids pendant plusieurs années. Ce point est particulièrement important pour les mères plus âgées, dont le métabolisme est plus lent.

Contrôler vos envies alimentaires En raison des bouleversements actuels dans votre vie, combinés aux fluctuations hormonales, vous mourrez d'envie de manger vos aliments préférés. Ces aliments si réconfortants ne sont bien souvent pas les plus nutritifs. Vous pouvez en consommer régulièrement mais avec modération, en évitant les excès. Vous cédez ainsi à vos envies tout en gardant le contrôle.

EXERCICES

Des exercices réguliers peuvent compléter les efforts alimentaires pour vous aider à cicatriser et à gérer la perte de poids. Allez-y en douceur, surtout au début. La marche est idéale pendant les six premières semaines. Avant de débuter tout exercice physique, demandez l'accord de votre praticien.

Restez constamment à l'écoute de votre corps, et évitez de vous surmener.

Yoga Le yoga fait travailler les muscles, tout en favorisant la relaxation et l'assouplissement. Vous pouvez le faire chez vous, à côté du bébé endormi. Les mouvements doux du yoga favorisent la guérison en fournissant l'oxygène nécessaire aux tissus.

Renforcer le plancher pelvien Les exercices de Kegel renforcent le plancher pelvien et aident à résoudre les problèmes de fuites urinaires qui pourraient subsister. Ils consistent à contracter les muscles du plancher pelvien de manière répétitive. Pour savoir quels muscles contracter, essayez de marquer une pause lorsque vous urinez. Vous pourrez ensuite travailler ces muscles n'importe où. Ces exercices n'auront aucun effet si vous ne les faites pas régulièrement, alors persévérez.

Exercices abdominaux À un moment donné, vous voudrez également renforcer vos muscles abdominaux. Leur relâchement peut en effet provoquer des douleurs dans le bas du dos, l'un des problèmes les plus répandus chez les adultes en bonne santé. Faites quelques abdominaux (ou d'autres exercices), en plaçant par exemple vos pieds sur une chaise ; vous renforcerez aussi votre plancher pelvien.

Les premiers jours

Se retrouver seule à la maison pour s'occuper de bébé peut être angoissant et fatigant, surtout si c'est votre premier enfant. Apprendre à lui donner le sein ou le biberon, à passer son bras dans son maillot, ou à lui donner son premier bain peut s'avérer difficile, surtout si vous êtes fatiguée. Faites-vous aider pour les autres tâches ménagères, afin de pouvoir vous concentrer sur votre bébé et vous reposer un peu.

LES PREMIERS JOURS À LA MAISON

Vous aurez sans doute du mal au début à savoir comment vous occuper de votre bébé. Un nouveau-né semble fragile et vous avez peur de mal faire. De plus, votre sommeil est perturbé, en raison des réveils nocturnes incessants. Avec tous ces changements dans votre rythme quotidien, vous vous demandez peut-être aussi comment vous allez réussir à retourner travailler dans quelques semaines.

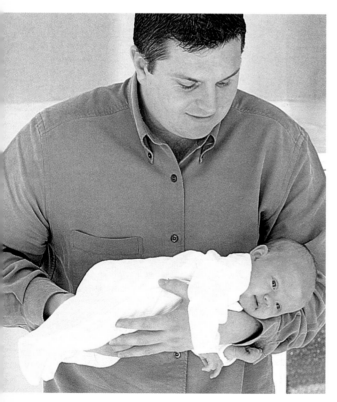

Soyez réalistes Il est important de réaliser que vous ne serez pas toujours en mesure de contrôler votre vie dans les semaines qui viennent. Être parent est un métier difficile. Les bébés sont imprévisibles : lorsqu'ils surviennent dans votre vie, ils vous réservent constamment des surprises. Vous apprendrez néanmoins rapidement à vivre dans l'incertitude.

Rappelez-vous que les bébés ne sont pas aussi fragiles qu'on le croit. Votre bébé vient de changer d'environnement, quittant un endroit sombre et exigu pour faire son entrée dans le monde extérieur. Du moment que vous restez à ses côtés, il s'accommodera même de vos maladresses. Rassurez-vous, votre bébé vous fera signe si les choses ne se déroulent pas comme il le souhaite.

Acceptez l'idée que vous ne pourrez pas éviter tous les problèmes. La plupart des mères s'inquiètent de l'apparition d'érythèmes, de coliques... Le phénomène est encore plus prégnant chez les mères plus âgées, surtout si elles ont attendu longtemps avant d'être enceinte, ou si elles ont subi une grossesse et un accouchement difficiles. Si cela peut vous rassurer, sachez que tous les parents connaissent ces sentiments. Vous apprendrez vite à faire face : ne culpabilisez pas si vous n'êtes pas immédiatement une experte en la matière.

BÉBÉ ET VOUS

Dans les premiers jours, avant de vous habituer aux signaux de votre bébé, vos gestes seront essentielle-

Laissez votre compagnon s'occuper de votre enfant lorsqu'il rentre du travail. Posez bébé sur votre avant-bras et bercez-le doucement pour l'aider à se calmer s'il pleure.

ment guidés par ses pleurs. La communication est simple chez les bébés : s'ils sont mal à l'aise, ils pleurent, que ce soit parce qu'ils ont faim, parce que leur couche est mouillée, ou tout simplement parce qu'ils sont grognons. Évitez de céder au ressentiment. Vous ne mettrez pas longtemps à déchiffrer ses pleurs et à régler le problème. Bientôt, il cessera de passer son temps à pleurer, sauf s'il a des coliques.

Rappelez-vous que pleurer est sans danger pour votre bébé. Si vous vous sentez dépassée et exaspérée, mieux vaut laisser votre bébé dans son lit pendant cinq minutes, et revenir le chercher une fois calmée.

GÉRER LES VISITES

Recevoir de la visite peut vous aider à vous sentir soutenue et aimée pendant les premières semaines qui suivent l'accouchement. Une conversation agréable autour d'une bonne tasse de thé peut vous éloigner un instant des couches et des rots. Néanmoins, il sera peut-être nécessaire de fixer des limites aux visites, afin d'avoir du temps pour vous reposer et vous occuper de votre nouveau-né.

Au cours des premiers jours, vous voudrez sans doute voir votre famille et vos amis proches. Par la suite, fixez des heures de visite, par exemple lorsque votre bébé dort, afin de pouvoir apprécier leur venue.

vous **ne mettrez pas longtemps** à déchiffrer les pleurs de votre bébé et à **régler le problème**

Prenez bébé lorsqu'il dort ou qu'il est content
Afin d'avoir un peu de temps pour vous entre les tétées et les changements de couches, vous pourriez être tentée de sortir de sa chambre sur la pointe des pieds dès qu'il est suffisamment calme. Il est néanmoins important de passer du temps avec lui. Faites-le dormir sur votre poitrine, écoutez avec lui de la musique, et prenez le temps de savourer le bonheur d'être mère.

Calmer les pleurs Si votre bébé pleure pendant plus de quelques minutes, même après l'avoir changé et nourri, prenez-le dans vos bras. S'il pleure beaucoup, utilisez un porte-bébé pour le garder près de vous. La plupart des bébés se calment dès qu'ils sentent la présence de leur mère (ou de leur père). Si cela ne fonctionne pas, emmenez-le faire un tour à pied ou en voiture. De nombreux bébés sont apaisés par la musique ou les bruits des appareils ménagers, comme les machines à laver ou les aspirateurs.

Ne craignez pas de trop câliner votre enfant. Les bébés calmes, et qui se sentent en sécurité, gèrent mieux la séparation d'avec leur mère que ceux qui sont seuls et anxieux.

Lutter contre le baby blues

Dans les jours et les semaines qui suivent la naissance de leur bébé, de nombreuses mères se sentent très émotives et souvent au bord des larmes. Cela est dû au baby blues. Voici quelques techniques qui peuvent vous aider. Si vous ne vous en sortez pas, parlez-en à votre praticien. Vous faites peut-être partie des 10 à 15 % de femmes qui souffrent de dépression postnatale, un état plus grave qui peut nécessiter un traitement.

- **Invitez une amie** Parler à quelqu'un qui vous comprend et vous écoute peut faire la différence.
- **Passez du temps avec votre compagnon** Saisissez les opportunités qui s'offrent à vous (lorsque bébé dort par exemple) pour rester seule avec votre compagnon.
- **Sortez de chez vous seule** Demandez à votre partenaire de garder bébé pendant une heure ou deux, le temps d'aller voir vos amis, ou de faire ce qui vous plaît.
- **Inscrivez-vous dans un groupe de soutien** Dialoguer avec des personnes dans la même situation peut vous aider à vous sentir mieux.
- **Prenez soin de vous** Relaxez-vous dans un bon bain chaud, et prenez soin de vous dès que vous le pouvez.

Nourrir votre bébé

Aujourd'hui, vous avez la liberté de nourrir votre bébé au sein ou au biberon. L'allaitement, même pendant quelques semaines, est bénéfique pour la santé de votre bébé, mais vous ne devez pas vous sentir coupable si vous choisissez finalement de lui donner le biberon. Il s'agit d'une décision personnelle, et votre propre histoire peut déterminer quelle option est préférable ou tout simplement envisageable.

LES BASES DE L'ALLAITEMENT

Beaucoup de femmes essaient d'allaiter, au moins pendant les premières semaines. L'allaitement est bénéfique pour la santé de votre bébé : les anticorps du lait maternel, par exemple, le protègent des maladies. Il est aussi très pratique. Néanmoins, si vous ne désirez pas allaiter, ou que cela ne fonctionne pas, vous ne devez pas vous sentir coupable en optant finalement pour le biberon. Si vous choisissez d'allaiter, préparez-vous à rencontrer des difficultés, surtout au début. La lactation est un processus naturel, mais l'allaitement nécessite un apprentissage. Aussi, n'hésitez pas à demander conseil à un spécialiste ou à une autre mère qui allaite. Contactez également des groupes d'aide à l'allaitement pour obtenir un soutien et des conseils face aux problèmes que vous pourriez rencontrer (voir p. 154–155).

Juste après la naissance Pendant les dernières semaines de grossesse, vos seins secrètent naturellement du colostrum, un liquide riche en protéines et en moyens de défense contre l'infection, idéal pour votre bébé juste après la naissance. Entre le deuxième et le cinquième jour, vos seins seront pleins et parfois douloureux, signe de l'arrivée du « vrai » lait.

La mise au sein Il est essentiel d'apprendre à positionner correctement la bouche de votre bébé sur votre mamelon pour garantir l'efficacité de la tétée. Une bonne position permet au bébé de rester concentré sur la tétée et d'éviter l'apparition de crevasses. Lorsque votre bébé commence à chercher le sein, utilisez votre doigt pour doucement pousser son menton, afin qu'il ouvre grand la bouche et prenne toute l'aréole (le cercle pigmenté qui entoure le mamelon), et non pas seulement le bout du mamelon. Cela est indispensable pour que la tétée soit efficace et confortable.

Fréquence et durée des tétées L'allaitement à la demande permet d'assurer une bonne production de

---

Donner le biberon

Certaines femmes ne souhaitent pas allaiter, ou commencent par allaiter pour ensuite passer au biberon. Vous devez tenir compte de certains points importants :

- tous les laits maternisés n'ont pas le même goût. Votre bébé peut en préférer un ;
- au début, achetez des petits biberons et différentes sortes de tétines, afin de voir ce qui convient le mieux, puis achetez-en plusieurs ;
- nettoyez soigneusement les biberons et les tétines. Lavez-vous les mains avant de prendre le biberon et la tétine ;
- préparez et utilisez le lait maternisé conformément aux instructions du fabricant ;
- votre bébé sait quand il a assez bu : ne le forcez pas ;
- augmentez les doses si votre bébé ne prend pas assez de poids, urine peu et pleure souvent entre les tétées ;
- diminuez les doses si votre bébé régurgite beaucoup au moment du rot ;
- n'achetez pas de laits hypoallergéniques ou au soja sauf sur recommandation de votre praticien.

Après une césarienne, il est important de trouver une position confortable pour allaiter votre bébé, sans appuyer sur votre ventre douloureux. Allongez-vous sur le côté les premiers jours.

lait. Il faudra probablement allaiter votre bébé toutes les deux ou trois heures pendant la journée au cours des premières semaines. Les tétées doivent être courtes et régulières afin d'établir une bonne lactation. Laissez votre bébé téter chaque sein dix minutes (il arrivera qu'il refuse de coopérer). Essayez de le maintenir éveillé en le déshabillant ou grattant son dos.

Prévenir les crevasses La fréquence des tétées et l'adaptation des mamelons à l'allaitement provoquent fréquemment l'apparition de crevasses pendant les deux premières semaines. Le bébé doit être dans une bonne position pour téter afin d'éviter la survenue de

ce genre de désagréments. De plus, retirer correctement votre enfant du sein aide à prévenir les irritations. Pour cela, introduisez doucement un doigt dans sa bouche pour qu'il ne fasse pas ventouse. Il convient également de garder les mamelons secs entre deux tétées. Veillez à ce que vos coussinets d'allaitement et soutiens-gorges restent secs, ou laissez vos seins le plus possible à l'air pour éviter tout problème.

Si malgré toutes ces précautions, vos mamelons sont constamment irrités, utilisez une crème de soin pour vous soulager.

APRÈS UNE CÉSARIENNE

Allaiter votre bébé après une opération exige davantage de détermination et de soutien de votre entourage. Demandez à une sage-femme de vous aider à trouver une position confortable pour nourrir votre bébé. Vous pouvez vous allonger sur le côté ou, plus tard, vous asseoir en vous calant le dos, le bras tenant le bébé appuyé en hauteur (comme si vous aviez un ballon de rugby sous votre bras). Comme la douleur interfère avec la production de lait et le réflexe d'éjection, n'hésitez pas prendre des analgésiques. Ceux prescrits après un accouchement par voie basse ou une césarienne sont sans danger pour vous et votre bébé.

Pour allaiter votre nouveau-né, il vous faudra de la pratique et de la persévérance.

Une nouvelle famille

L'arrivée de votre bébé dans la famille change la dynamique de vos relations avec votre compagnon et vos autres enfants, si vous en avez. S'habituer à sa présence n'est pas évident pour tout le monde. Il est donc essentiel de faciliter cette transition et d'établir dès le départ de bonnes habitudes, pour que les liens familiaux se créent sur des bases saines.

UNE NOUVELLE DYNAMIQUE

Lorsque bébé arrive à la maison, il faut parfois tout mener de front : vous adapter à son rythme et essayer de l'intégrer aux habitudes de la famille. Vous devez récupérer de la naissance (voir p. 140–141), et vos ressources physiques sont affaiblies. Il est donc temps d'attribuer à chacun un rôle pour vous aider à vous occuper du bébé. Cela ne sera pas toujours évident, mais vous parviendrez ainsi à créer une excellente dynamique familiale, où chacun s'implique. Ce sera parfait pour le nouveau venu, mais aussi pour vous : vous pourrez ainsi rattraper votre sommeil en retard.

Soutien émotionnel

De nombreuses femmes font de leur mieux pour aider leur compagnon et leurs enfants à s'habituer à l'arrivée du bébé. Elles en oublient parfois que la situation est aussi dure pour elles. Faites savoir à votre compagnon comment vous soutenir dans cette période difficile. Il peut :

- apporter le dîner à la maison ;
- laisser le football pour regarder un film avec vous ;
- éloigner les visiteurs indésirables, répondre aux coups de fil importuns, et décourager les conseils non sollicités ;
- vous surprendre en vous offrant des fleurs ;
- vous dire que vous êtes belle (surtout quand vous ne vous sentez pas belle) et que vous êtes la mère la plus merveilleuse du monde ;
- mettre les enfants au lit ;
- vous faire un câlin… et voilà tout !

IMPLIQUER VOTRE COMPAGNON

S'occuper toute la journée d'un nouveau-né tout en effectuant les tâches ménagères est épuisant. Vous aurez besoin de faire une pause le soir pour reprendre des forces. Demandez à votre compagnon de quitter son travail à l'heure et d'éviter de travailler le week-end, afin qu'il puisse prendre la relève le soir. Mettez ce temps à profit pour prendre une douche, lire un livre ou tout ce qui peut vous aider à vous détendre. Faites-lui une liste de choses à faire pour vous aider à vous décontracter après une journée éreintante. Les hommes se montrent en général coopératifs, en particulier quand ils savent que leurs efforts sont appréciés.

Consoler bébé à deux Curieusement, de nombreux bébés se mettent à pleurer quand leur père rentre du travail. Après avoir vérifié que votre bébé n'a pas faim, vous pouvez l'emmener faire un tour en voiture pendant une quinzaine de minutes avec votre compagnon. Tandis que votre bébé sera bercé par les mouvements de la voiture, vous aurez tous les deux l'occasion de discuter de votre journée, sans que votre attention soit incessamment détournée.

L'aider à s'adapter à l'arrivée du bébé Les nouveaux pères sont souvent plus intimidés que les mamans par la fragilité de leur enfant, mais ce n'est pas une excuse pour ne pas apprendre à s'en occuper. Il peut être gratifiant d'être toujours la première à consoler bébé, surtout si c'est votre premier enfant, et ainsi prouver que vous vous en sortez très bien. Mais à moins d'allaiter, essayez de ne pas réagir ainsi. Sinon votre partenaire ne saura jamais comment le consoler, et il vous laissera seule face à cette responsabilité. Mettez des bouchons d'oreille, quittez la chambre, faites tout ce que vous pouvez pour résister !

De plus, le père doit décider de tâches qui seront sous sa responsabilité. Il serait trop facile de prétendre être fatigué après une longue journée de travail ; dites-lui que vous l'êtes tout autant. Demandez-lui par exemple de changer les couches la nuit, de faire la vaisselle et/ou la lessive du bébé. Si vous avez d'autres enfants, demandez-lui de s'occuper du bébé pendant que vous passez du temps avec eux.

UN NOUVEAU RÔLE POUR LES AÎNÉS

Lorsqu'un bébé arrive dans la famille, les aînés se sentent parfois obligés de devenir « le grand frère ou la grande sœur » qui va vous aider à vous occuper de lui.

Demandez à votre enfant de vous aider, et récompensez-le par des compliments et de l'affection.

voir votre **aîné** en compagnie du **bébé** vous fera **chaud au cœur**. Mais ne vous attendez pas à ce que leurs **relations** soient **faciles** dès le départ

Laissez-leur le temps de s'habituer à ce nouveau rôle, et évitez de les forcer à se montrer affectueux s'ils ne sont pas prêts. Les enfants ont parfois peur que vous aimiez plus le bébé ; la jalousie et l'hostilité sont inévitables. Acceptez leurs sentiments et dites-leur combien vous les aimez, autant qu'avant, pour les rassurer. Ils apprendront vite à aimer le petit dernier.

Soyez patiente face à la régression Il peut être énervant de voir votre enfant sucer son pouce et remettre des couches alors qu'il faisait sur le pot depuis plusieurs mois, mais faites preuve d'indulgence. Ces régressions sont temporaires et cesseront une fois qu'il assumera son rôle de grand frère ou de grande sœur. Un nouveau jouet ou une petite sortie peuvent faire la différence dans les premiers jours qui suivent l'arrivée du bébé. Passez du temps avec lui pendant que votre compagnon s'occupe du bébé.

Essayez de le valoriser Faites en sorte que les invités s'intéressent à votre aîné. Racontez-leur par exemple une anecdote amusante le concernant ou un succès dont il est fier, afin de détourner leur attention du bébé. Les amis et la famille peuvent également apporter un petit cadeau pour votre enfant.

Passez du temps avec vos ados Les adolescents sont souvent peu enthousiastes à l'idée que leurs parents aient un autre enfant. Ils ont peur de devoir faire du baby-sitting et de ne pas trouver leur place dans cette nouvelle famille. Bien souvent, ils se replient sur eux-mêmes, et passent plus de temps dans leur chambre ou chez des amis. Dans les familles recomposées, les adolescents ne sont pas forcément prêts à subir un nouveau changement. Accordez-leur une attention particulière pendant cette période difficile, et essayez de passer du temps seule avec eux.

De nouveaux rythmes

En tant que femme indépendante, vous avez le sentiment de perdre votre liberté en vous occupant de votre bébé 24 heures sur 24. Cette activité à temps plein perturbe votre vie, et vous avez l'impression de vous isoler. Avec un peu d'organisation, de persévérance et d'ingéniosité, vous parviendrez à vous ouvrir à un nouveau monde, amusant et stimulant pour vous et votre bébé.

EXPLORER CE NOUVEAU MONDE

À mesure que vous sortez du cocon dans lequel vous étiez au cours des premières semaines qui ont suivi la naissance, vous souhaitez élargir le champ des activités que vous pouvez partager avec votre enfant. Vous aspirez à retrouver une stimulation intellectuelle, physique et sociale, dans un environnement si possible enrichissant pour votre bébé. Avec un peu d'imagination, vous découvrirez vite des sorties dans le cadre desquelles vous aurez du soutien, et vous pourrez vous occuper au mieux de votre bébé loin de chez vous.

prenez le temps de **trouver** de **nouvelles activités** à **partager** avec votre bébé

Trouver des idées de sorties en famille Il existe de nombreuses activités pour les mères et leur bébé. Renseignez-vous par exemple auprès d'un club de remise en forme sur les cours postnatals où vous pouvez emmener votre bébé, les cours de gym ou de massage pour bébés. Allez au jardin d'enfants près de chez vous, même si votre bébé ne peut pas encore y jouer, afin d'y rencontrer d'autres mères qui vous donneront sans doute des idées de sorties en famille.

Le porte-bébé est indispensable à votre mobilité. Vous avez les mains libres, et vous allez dans les endroits inaccessibles avec une poussette, tout en gardant bébé près de vous.

Il est aussi possible de s'y faire de nouvelles amies, avec qui vous pourrez passer du temps accompagnée de vos enfants.

Si vous aimez le grand air, cherchez des sentiers où vous pouvez vous promener en poussette avec votre bébé. Pensez à la sécurité et à la possibilité de pouvoir changer et nourrir votre bébé en toute intimité.

Trouver des endroits confortables Vous aurez besoin de trouver des endroits propres et confortables pour vous occuper de votre bébé une fois loin de chez vous. Dans les centres commerciaux et les restaurants, les toilettes pour dames sont souvent équipées de tables à langer. Certains établissements disposent d'espaces agréables, où vous pouvez allaiter. Le personnel peut vous autoriser à allaiter dans une cabine d'essayage, si vous ne voulez pas le faire en public.

Les restaurants acceptent en général de réchauffer un biberon. Vous pouvez aussi commander de l'eau chaude ou du thé, ainsi qu'une grande tasse, dans laquelle vous pourrez le réchauffer.

Prévoir les besoins de votre bébé Les sorties les plus agréables sont celles qui sont le mieux organisées. Vous ne pouvez pas perturber son quotidien sans vous attendre à de vives protestations, donc évitez ! Par exemple, si la sieste en début d'après-midi dure plus de deux heures, essayez de vous y adapter. Vous pouvez choisir de rester chez vous, de mettre bébé dans son siège-auto pour aller faire un tour en voiture, ou même d'aller voir un film. Vous pouvez pratiquer toute sorte d'activités, à condition qu'elles ne perturbent pas la sieste de votre bébé. Avec un peu de pratique, vous saurez ce qui lui convient le mieux.

UN RÉSEAU DE SOUTIEN

Rencontrer d'autres jeunes mamans peut s'avérer très utile, notamment pour échanger des conseils, trouver des activités pour les jeunes enfants, et avoir un aperçu des différents modes de garde qui existent dans votre localité. Certaines femmes se créent un réseau pour échanger des services de baby-sitting.

Allaiter en public

De plus en plus de femmes choisissent d'allaiter leur bébé dans des endroits publics ; plus il y en a, mieux c'est accepté. N'oubliez pas que la loi est bien souvent de votre côté si vous choisissez d'allaiter en public. Néanmoins, cela ne vous protège pas totalement des remarques désobligeantes proférées par ceux que l'allaitement met mal à l'aise.

Vous devez d'abord être sûre de votre capacité à allaiter avant de le faire dans un endroit public. Le fait d'être accompagnée, dans l'idéal par une autre mère qui allaite, peut s'avérer rassurant.

Il est tout à fait possible d'allaiter en public en toute discrétion. Bien souvent, les personnes assises à côté de vous ne le remarqueront même pas, en particulier une fois que vous serez devenue une experte en la matière. Vous pouvez porter des vêtements en deux pièces, pour accéder facilement à votre poitrine, et nourrir bébé dissimulé sous votre chemise ou sous une fine couverture. Si vous choisissez d'allaiter en public, tâchez de vous montrer détendue et sûre de vous, plutôt qu'embarrassée.

Pour rencontrer d'autres parents, allez au jardin d'enfants, dans des groupes de gym ou des ateliers parents-enfants (voir les adresses utiles, p. 154–155). Vous trouverez peut-être des informations sur des groupes de soutien dans le journal local.

RESTER MOBILE

Trouver un moyen efficace de transporter bébé vous permettra de rester mobile. Cherchez une poussette adaptée à votre style de vie. Si vous aimez la marche rapide ou le jogging, envisagez une poussette « tout-terrain », ou un porte-bébé qui soit à la fois solide et confortable. Un lit de voyage pliant ou un parc peut s'avérer très pratique lors de visites chez des amis. Pensez aussi à acheter un sac pour loger toutes les affaires de bébé. Il doit être lavable et tenir dans la poussette. Prenez le temps de réfléchir à tous les produits adaptés aux mamans actives. Un bon équipement peut faire la différence.

Le retour au travail

La reprise du travail après la naissance de votre bébé peut à la fois être libératrice et difficile. D'une part, vous avez très envie de revoir vos collègues et de reprendre le rythme du travail, d'autre part, vous avez du mal à envisager de passer une journée loin de votre bébé. Ces sentiments contradictoires seront sans doute très présents quand vous retournerez travailler, et le resteront peut-être dans les années à venir.

Vous avez désormais deux métiers : l'éducation de votre enfant et votre carrière. Il est normal que la plupart des femmes aient le sentiment, quelle que soit la somme de travail qu'elles abattent, de négliger l'un des deux aspects. Prenez les choses du bon côté, vous ne pourrez jamais totalement supprimer ce dilemme. Essayez de faire de votre mieux, et souvenez-vous que les enfants ont essentiellement besoin d'amour, et non de perfection. Les mères au foyer ne sont pas parfaites non plus.

LE MODE DE GARDE

Il faut du temps pour trouver la bonne solution pour faire garder votre bébé, et si vous prévoyez de reprendre rapidement le travail après sa naissance, commencez vos recherches le plus vite possible. Une fois le mode de garde établi, envisagez, quelques jours avant la reprise du travail, de laisser votre bébé pendant quelques heures à sa nouvelle nourrice. Une adaptation progressive au changement est essentielle.

S'il est entre de bonnes mains, votre bébé grandira bien. Il est important d'avoir confiance en vos choix, afin que vous et votre bébé puissiez vous adapter à ce nouveau mode de vie.

Localiser les crèches Pour obtenir des conseils avisés sur les crèches disponibles dans votre localité, visitez-en quelques-unes afin de vous faire une idée, et interrogez d'autres mamans. Les assistantes maternelles, qui s'occupent des enfants à leur domicile, doivent être déclarées et agréées par la DDASS.

En cas d'urgence En plus du mode de garde habituel, vous devez prévoir les cas où votre bébé est malade. La plupart des crèches vous demandent de le garder chez vous en cas de fièvre, vomissements ou diarrhées. Par conséquent, vous devez soit rester chez vous, soit trouver une personne compétente et disponible ces jours-là, lorsque vous ne pouvez pas déposer votre bébé à la crèche.

Demandez l'aide de votre compagnon Votre compagnon peut prétendre à un congé parental et rester chez vous avec bébé durant quelque temps après la reprise de votre travail. Rappelez-vous que le congé parental peut être pris à tout moment dans les trois ans qui suivent la naissance du bébé. Vous pouvez aussi envisager de prendre chacun un mi-temps, afin que l'un de vous deux reste à la maison avec le bébé.

Choisir une crèche

Lorsque vous cherchez une crèche pour votre enfant, vous devez prendre en compte certaines considérations.

- A-t-elle bonne réputation ? Les recommandations des autres mères sont particulièrement importantes.
- Est-elle propre et bien équipée ?
- Le personnel est-il calme et compétent ?
- Le nombre d'enfants par puéricultrice est-il acceptable ?
- Son personnel est-il en accord avec la manière dont vous envisagez de vous occuper de votre enfant ?
- Est-ce financièrement possible ?
- Son emplacement est-il commode (proche de votre travail, si vous voulez allaiter) ?
- Pratique-t-elle des horaires flexibles d'ouverture et de fermeture ?

Employer une nourrice Si vous employez une nourrice, l'enfant est gardé seul et dans un environnement familier. Cela signifie également que vous n'avez pas à le transporter le matin et le soir, ni à prendre un congé s'il est malade. Néanmoins, l'emploi d'une nourrice est parfois coûteux, et vous devez soigneusement vérifier ses références.

PÉRIODE DE TRANSITION

Lorsque vous planifiez votre congé maternité au début de la grossesse, il est difficile d'évaluer ce que vous ressentirez au moment de reprendre le travail. Une grossesse difficile ou un accouchement avec complications peut influer sur votre bien-être physique et moral, et nécessiter un changement de plan. Si vous pensez être dans ce cas, voici plusieurs solutions que vous pouvez proposer à votre employeur.

Horaires aménagés La plupart des employeurs vous autorisent à commencer et à finir plus tôt ou plus tard votre journée de travail. Cette flexibilité vous permet de choisir une crèche qui ouvre plus tard ou ferme plus tôt, ou d'éviter de courir le matin pour vous préparer à aller au travail. Parfois, ces aménagements vous permettent de travailler quatre jours par semaine et de bénéficier ainsi d'une journée de récupération.

Télétravail Votre employeur peut accepter de vous laisser finir votre travail chez vous. Vous pouvez envisager de diviser votre journée, le matin au bureau et l'après-midi à la maison, ou travailler dans l'entreprise deux ou trois jours par semaine, et le reste du temps à la maison.

Horaires de travail et avantages Lorsque vous proposez des horaires aménagés à votre employeur, veillez à ne pas perdre votre régime d'assurance sociale et autres avantages importants. Vous devez bien souvent maintenir un nombre minimum d'heures de travail par semaine pour conserver ces droits, et il est essentiel de vous renseigner sur les conditions applicables avant d'en discuter avec votre employeur.

Devenir mère au foyer

Pour certaines mères, la naissance de leur bébé change tellement leurs priorités qu'elles ne veulent plus reprendre leur
ancien travail. Les femmes de plus de 35 ans qui envisagent
d'abandonner une carrière qu'elles ont mis des années à
construire doivent étudier attentivement les conséquences
de cette décision. Voici quelques points à considérer.

Sur le plan financier
- Est-il possible de vivre sur un seul salaire ?
- Qui prendra les décisions financières ?
- Pourrez-vous avoir accès au salaire de votre compagnon ?
- Votre partenaire a-t-il un emploi stable ?
- Pouvez-vous retourner travailler si nécessaire ?
- En quoi cela peut-il affecter votre retraite ?

Sur le plan relationnel
- Pensez-vous pouvoir être financièrement dépendante ?
- En quoi ce changement peut-il modifier l'équilibre de
  votre couple ?
- Votre compagnon apprécie-t-il le rôle de mère au foyer ?

Sur le plan social
- Les relations au travail vont-elles vous manquer ?
- Vos amis et votre famille vont-ils vous soutenir dans
  votre décision ?
- Y aura-t-il une autre personne avec vous à la maison
  pendant la journée ?

Sur le plan professionnel
- Votre travail va-t-il vous manquer ?
- Votre carrière est-elle un aspect important de votre identité ?
- Pouvez-vous reprendre votre travail après plusieurs
  années d'absence ?
- Pouvez-vous travailler chez vous ?
- Des opportunités peuvent-elles se présenter durant les
  années où vous élèverez vos enfants ?
- Est-ce une bonne chose de rester en contact avec votre
  employeur ?
- Est-il possible de travailler pour votre entreprise depuis
  votre domicile ?

TRAVAIL ET ALLAITEMENT

À mesure que la date de la reprise approche, vous devez réfléchir si vous souhaitez poursuivre l'allaitement, et si c'est
le cas, comment vous allez vous organiser sur votre lieu de
travail. Certains employeurs prendront en considération
vos besoins, en vous proposant par exemple un accès à
l'intimité d'une pièce réservée à cet usage. La conven-
tion collective de votre entreprise peut prévoir des aménagements particuliers. Mais ce n'est pas toujours le cas.

L'allaitement devient plus facile avec la pratique.
Vers la fin de votre congé maternité, vous devriez être
capable d'allaiter, même dans les situations les moins
optimales. Bien que ce ne soit pas l'idéal, vous pouvez
remplacer le lait maternel par une faible quantité de
lait maternisé pendant cette période, sans que cela
perturbe l'allaitement.

Exprimer votre lait au travail Pour continuer à
stimuler la lactation et empêcher vos seins de gonfler,
vous devez exprimer votre lait dès que vous vous éloi-
gnez de votre bébé, quelle que soit la durée. Les meil-
leurs tire-lait sont en général les plus chers, mais ils
sont souvent plus rapides. Choisissez de préférence un
tire-lait électrique automatique, silencieux et facilement transportable, et qui permet de tirer le lait des
deux seins simultanément. Si vous tirez votre lait trois
fois par jour, vous obtiendrez une quantité suffisante
pour subvenir aux besoins de votre bébé pour le jour
suivant. Tirer votre lait pour continuer à stimuler la
lactation peut devenir difficile si vous ne disposez pas
d'un endroit confortable pour le faire sur votre lieu de
travail, mais si l'allaitement est important pour vous,
persistez en trouvant une solution pour y parvenir.

Réflexe d'éjection inopiné Malheureusement, le
réflexe d'éjection ne fonctionne pas uniquement quand
vous voulez allaiter. Il peut se déclencher quand vous
pensez à votre enfant ou en entendant un autre bébé
pleurer. Si cela vous arrive au travail, les fuites seront
moins visibles si vous utilisez des protège-mamelons,
si vous portez plusieurs épaisseurs de vêtements ou
des hauts à motifs, ou si vous exprimez votre lait
régulièrement.

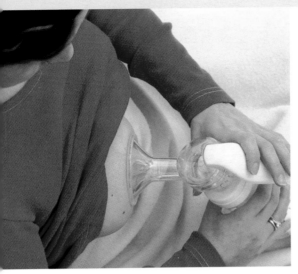

Exprimer votre lait *lorsque vous êtes au travail vous aidera à maintenir la production de lait et à continuer d'allaiter.*

LES CLEFS DU SUCCÈS

Si vous souhaitez continuer à nourrir bébé avec votre lait, plusieurs mesures peuvent vous aider à combiner avec succès allaitement et reprise du travail.

Obtenir le soutien de votre employeur La loi vous autorise à prendre une heure par jour sur votre temps de travail pour allaiter votre enfant, pendant un an. Par ailleurs, votre employeur fera preuve d'un meilleur soutien si vous le persuadez que votre bébé sera moins malade si vous allaitez. Par exemple, on pense que l'allaitement permet d'éviter au moins une à deux otites et/ou diarrhées par an : vous serez moins souvent absente du travail que les parents qui nourrissent leur enfant au biberon. Vous encourager à allaiter peut donc s'avérer rentable à moyen terme pour votre entreprise.

Allaiter quand vous le pouvez La fréquence des tétées et le mouvement de succion du bébé stimulent la production de lait. Par conséquent, si la crèche se trouve près de votre lieu de travail, vous pouvez essayer de vous y rendre à la pause déjeuner, et voir si votre bébé est prêt pour la tétée. Sinon, exprimer votre lait aura le même effet. Vous pouvez également augmenter la fréquence des tétées avant et après le travail. La plupart des bébés s'adaptent automatiquement :

ils dorment davantage lorsqu'ils se trouvent à la crèche et tètent lorsque vous êtes disponible. Profitez également du temps que vous passez ensemble lorsque vous ne travaillez pas, en particulier les week-ends, pour stimuler votre production de lait pour la semaine suivante.

Stimuler le réflexe d'éjection Il peut être difficile d'exprimer son lait juste après une réunion de travail ou au beau milieu d'une tâche stressante. Vous devez demander à votre employeur s'il existe une pièce où vous pouvez tranquillement exprimer votre lait. Idéalement, vous avez besoin d'une pièce équipée d'une prise électrique et fermant à clef. Parfois, le fait de téléphoner à la crèche ou de regarder des photos de votre bébé peut vous aider à stimuler le réflexe d'éjection.

Conserver votre lait sans risque Pensez à vous laver les mains avec de recueillir le lait, et à stériliser le biberon afin d'éviter la prolifération de bactéries ou de virus. Le lait maternel est facile à conserver. Il reste frais pendant six à dix heures, même à température ambiante. L'idéal est de le placer au réfrigérateur, si vous en avez un sur votre lieu de travail.

Vous pouvez le conserver entre trois et cinq jours au réfrigérateur, et jusqu'à deux semaines au congélateur, à condition d'avoir un compartiment séparé. Veillez à étiqueter chaque biberon, en indiquant la date à laquelle vous avez exprimé le lait, afin d'éviter toute confusion.

Compléter les repas avec du lait maternisé
Si vous ne parvenez pas à exprimer votre lait, n'abandonnez pas l'allaitement pour autant au moment de reprendre le travail. Vous parviendrez peut-être à allaiter une fois que vous serez avec votre bébé, et à donner du lait maternisé à la personne qui s'occupe de lui lorsque vous êtes absente (les laits maternisés sont disponibles en brick, souvent plus pratiques qu'en poudre). Même si le lait maternel n'est qu'un composant de l'alimentation de votre bébé, il reste bénéfique pour sa santé et pour votre bien-être moral.

Adresses utiles

Info-santé
À toute heure du jour ou de la nuit, une infirmière répond à vos questions sur la santé.
Numéro disponible pour chaque CLSC
(Centre local de services communautaires).
Pour connaître le vôtre :
Tél. : (514) 948-2015

Grossesse et naissance
Société des obstétriciens et des gynécologues du Canada
Tél. : 1-800-561-2416
www.sogc.org

Santé Canada
www.hc-sc.gc.ca

Société canadienne de la pédiatrie
www.soinsdenosenfants.cps.ca

Ministère de la Santé et des Services sociaux
www.msss.gouv.qc.ca

Devenir parents
Site Internet élaboré conjointement par Communication-Québec et la Régie des rentes qui offre une mine de renseignements sur les congés parentaux et les allocations familiales.
www.naissance.info.gouv.qc.ca

Association des CLSC et des CHSLD du Québec
1801, rue de Maisonneuve Ouest
Montréal (Québec) H3H 1J9
Tél. : (514) 931-1448

Hôpital Sainte-Justine
3175, chemin de la Côte Sainte-Catherine
Montréal, (Québec)
H3T 1C5
Tél. : (514) 345-4931
www.hsj.qc.ca

Centre québécois de ressources à la petite enfance (CQRPE)
2100, avenue Marlowe
Montréal (Québec) H4A 3L5
Tél. : (514) 369-0234
      1-877-369-0234
www.cqrpe.qc.ca

Congé de maternité et congé parental
Commission des normes du travail
Tél. : (514) 873-7061
      1-800-265-1414
www.cnt.gouv.qc.ca

Ligne info-santé-femmes
Tél. : (514) 270-6110

Grossesse-Secours
79, rue Beaubien Est
Montréal (Québec) H2S 1R1
Tél. : (514) 271-0554

Drogue : aide et référence
Tél. : (514) 527-2626
      1-800-265-2626
www.info-reference.qc.ca

Maman pour la vie
Un nouveau site Internet entièrement québécois qui s'adresse à tous les parents et futurs parents, avec une section importante réservée à la grossesse et la maternité.
www.mamanpourlavie.com

Soins de nos enfants
Élaboré par la Société canadienne de pédiatrie, ce site est conçu pour fournir de l'information aux parents au sujet de la santé et du bien-être de leur enfant.
www.soinsdenosenfants.cps.ca

Regroupement Naissance-Reconnaissance
110, rue Sainte-Thérèse, Bureau 201
Montréal (Québec) H2Y 1E6
Tél. : (514) 392-0308

Alternative Naissance
Groupe communautaire voué à l'humanisation de la naissance. Cet organisme offre un service d'écoute, des soirées d'information et l'accompagnement à la naissance.
6006, rue de Bordeaux
Montréal (Québec) H2G 2R7
Tél. : (514) 274-1727

Ligue La Leche (LLL)
Soutien à l'allaitement maternel : réunions de mères, information et groupe des discussions.
12, rue Quintal
Charlemagne (Québec) J5Z 1V9
Tél. : (514) 990-8917
www.allaitement.ca

Association internationale de massage pour bébé, section québécoise
Offre des cours pour apprendre les techniques et les routines des massages, pour le bien-être des bébés et des parents.
Information : Tél. : (514) 272-7127
1-877-523-2323

Centre de ressources pour la naissance
Propose des cours de yoga prénatal et des services comme l'accompagnement à la naissance, les marraines d'allaitement et des ateliers de stimulation infantile.
1295, boul. des Forges
Trois-Rivières (Québec) G8Z 1T7
Tél. : (819) 370-3822

www.ressourcesnaissance.ca

Association des parents de jumeaux du Québec
Site Internet consacré aux parents de jumeaux : échanges, information et groupes d'entraide sont offerts.
www.apjq.net (pour la région de Québec)
www.apjtm.com (pour la région de Montréal)

Maman Solo
Site qui offre de l'information et des groupes de discussions pour les mères élevant seule leur enfant.
www.maman-solo.com

Association des parents d'enfants prématurés du Québec
4837, rue Boyer, bureau 238
Montréal (Québec) H2J 3E6
Tél. : (514) 523-3974
www.colba.net

Salon Maternité Paternité Enfants
Événement qui se déroule annuellement au mois de mars à la Place Bonaventure, à Montréal. Offre une mine de renseignements pour les futurs parents et les parents qui ont des enfants âgés de 0 à 6 ans.
Information : (450) 227-7221
www.salonmaternitepaterniteenfants.com

Grossesse Info : répertoire de sites Internet sur la grossesse
Grossesse Info vous propose une sélection de liens pour répondre à toutes vos questions sur la maternité.
www.lagrossesse.info

Bibliographie :

COLLECTIF, *L'Allaitement maternel*, Montréal, Éditions de l'hôpital Sainte-Justine, 2002, 104 p.

COLLECTIF, *Au fil des jours… après l'accouchement*, Montréal, Éditions de l'hôpital Sainte-Justine, 2001, 96 p.

DUMOULIN, Chantale, *En forme en attendant bébé : exercices et conseils*, Montréal, Éditions de l'hôpital Sainte-Justine, 2001, 104 p.

ELLIMAN David et Helen BEDFORD, *Guide santé de votre enfant*, Montréal, Hurtubise HMH, 2002, 224 p. (préface du Dr Vania Jimenez)

Encyclopédie doctissimo, Encyclopédie de la santé et de la prévention, www.doctissimo.fr

LAURENDEAU, Hélène et Brigitte COUTU, *L'Alimentation durant la grossesse*, Montréal, l'Homme, 1999, 284 p.

REGAN, Lesley, *Votre Grossesse au jour le jour*, Montréal, Hurtubise HMH, 2006, 448 p.

WEST, Zita, *La Grossesse au naturel*, Montréal, Hurtubise HMH, 2002, 160 p. (adaptation et préface par le groupe Alternative Naissance).

Index

Crédits photo

Dorling Kindersley remercie, pour leur aimable autorisation à reproduire leurs photographies :
(abréviations : h=haut, b=bas, c=centre ; g=gauche, d=droite)

1 : **Mother & Baby Picture Library**/Ian Hooton ; 2 : **Getty Images**/Nick Dolding ; 7 : **Portrait Innovations**/Kate Cosby (bg) ; 13 : **Zefa VisualMedia**/M. Keller ; 14 : **Getty Images**/Catherine Ledner ; 16 : **Mother & Baby Picture Library**/Ian Hooton ; 18 : **Science Photo Library**/Lea Paterson ; 20 : **Science Photo Library**/Manfred Kage ; 28 : **Science Photo Library (hc), Science Photo Library**/John Walsh (hg) ; 29 : **Science Photo Library**/Zephyr ; 31 : **The Wellcome Institute Library, London**/Yorgos Nikas ; 34-35 : **Alamy Images**/David Young-Wolff ; 37 : **Science Photo Library**/Edelmann (hd) ; 48 : **Alamy Images**/foodfolio ; 51 : **Mother & Baby Picture Library**/Ian Hooton ; 52 : **Mother & Baby Picture Library**/Ian Hooton ; 56 : **Mother & Baby Picture Library**/Caroline Molloy ; 57 : Laura Goetzl (hc, hd) ; 59 : **Science Photo Library**/CNRI (hd) ; 61 : **Science Photo Library**/Neil Bromhall ; 67 : **Mother & Baby Picture Library** ; 69 : **Corbis**/RNT Productions ; 71 : **Alamy Images**/David Young-Wolff ; 73 : **Retna Pictures Ltd**/John Powell ; 75 : **Getty Images**/gi Stock ; 76 : **Mother & Baby Picture Library**/Ian Hooton ; 79 : **Alamy Images**/Chad Ehlers ; 81 : **Science Photo Library**/BSIP Laurent (bg) ; 82 : **Mother & Baby Picture Library**/Ian Hooton ; 83 : **Science Photo Library**/GE Medical Systems ; 86 : **Alamy Images**/eurekaimages.com ; 89 : **Getty Images**/Ericka McConnell ; 91 : **Zefa Visual Media**/J. Feingersh ; 92-93 : **Mother & Baby Picture Library**/Ian Hooton ; 94 : **Anthony Blake Photo Library**/Joy Skipper ; 97 : **Science Photo Library**/Saturn Stills ; 99 : **Mother & Baby Picture Library**/Ian Hooton ; 101 : **Bubbles**/Chris Rout ; 103 : **Alamy Images**/John Fortunato (bd), **Science Photo Library**/Eye of Science (hg) ; 104 : **Alamy Images**/David Young-Wolff ; 106 : **Corbis**/Anne W. Krause ; 107 : **Alamy Images**/thislife pictures ; 109 : **Science Photo Library** ; 112 : **Science Photo Library**/BSIP, Laurent ; 113 : **Bubbles**/Frans Rombout ; 115 : **Mother & Baby Picture Library**/Indira Flack ; 117 : **Mother & Baby Picture Library**/Ruth Jenkinson ; 122 : **Corbis**/Tom Stewart ; 124 : **Mother & Baby Picture Library**/Ruth Jenkinson ; 126 : **Mother & Baby Picture Library**/Paul Mitchell ; 127 : **Mother & Baby Picture Library**/Eddie Lawrence ; 128 : **Alamy Images**/Janine Wiedel (bd) ; 130 : **Mother & Baby Picture Library**/Ruth Jenkinson ; 132 : **Mother & Baby Picture Library**/Ruth Jenkinson ; 133 : **Science Photo Library**/Ruth Jenkinson/ MIDIRS ; 137 : **Mother & Baby Picture Library**/Frances Tout ; 141 : **Photolibrary.com**/Mayer Eisenhut ; 147 : **Corbis**/Larry Williams and Associates ; 150 : **Mother & Baby Picture Library**/

Pour toutes les autres images © Dorling Kindersley

À propos des auteurs

Laura Goetzl, spécialiste des grossesses à risque, exerce et enseigne à l'Université médicale de Caroline du Sud, à Charleston. Diplômée en obstétrique, gynécologie et médecine fœtale, elle est membre de l'American College of Obstetrics and Gynecology, de la Society for Maternal-fetal Medicine, et de l'American Institute of Ultrasound in Medicine. Elle partage son activité avec celle de son mari, spécialiste en oncologie chirurgicale. Ensemble, ils s'occupent de leurs deux jeunes enfants, Gabriela et Lucas.

Regine Harford écrit des ouvrages médicaux, portant spécifiquement sur la santé des femmes. Elle est membre de l'American Medical Writers Association et participe à des conférences médicales internationales pour l'industrie pharmaceutique, assiste les professionnels de la santé pour leurs publications et présentations, et fournit des informations récentes et pertinentes aux consommateurs. La naissance de son plus jeune enfant à l'âge de 39 ans lui a permis de connaître les joies et les difficultés de la maternité à cet âge. Regine vit près d'Atlanta, en Géorgie.

Remerciements des auteurs

Laura Goetzl
Je voudrais remercier mon mentor, le docteur Joe Leigh Simpson, qui m'a le premier suggéré ce projet, et surtout ma famille, Nestor, Gabriela et Lucas, qui m'ont soutenue et supportée tout au long de cette entreprise.

Regine Harford
Tout comme la grossesse et la maternité sont un défi pour toutes les mères, le fait d'avoir une maman qui fait carrière peut éprouver la patience de nos enfants. Je voudrais par conséquent remercier mes fils, Markus, Christian et Andrew, pour leur soutien lors de la rédaction de ce livre, même pendant leurs vacances d'été. Vous êtes le soleil de ma vie !

De la part des deux auteurs
Un grand merci à toute l'équipe de Dorling Kindersley, pour leur aide à la conception de ce livre : Jennifer Williams, Salima Hirani pour la conception et le lancement de ce projet, Sara Kimmins et Alison Turner pour les illustrations, et tout spécialement Janet Mohun pour son soutien à chaque étape de la rédaction de ce livre.

Remerciements de l'éditeur

Dorling Kindersley tient à remercier
Salima Hirani pour son travail sur le développement du concept du livre et son aide rédactionnelle ; Sarah Reynolds, obstétricienne et gynécologue à l'hôpital de Bedford pour la lecture du manuscrit et l'apport de ses précieuses informations ; Ruth Jenkinson pour ses photographies ; Sally Smallwood pour l'organisation des séances photo ; Angela Baynham pour son aide rédactionnelle ; Mehmet Altun, Vijay Baldwin, Victoria Burns, Robin Brunson, Roshni Carter, Michelle Drew, Sarah Fairclough, Sarah Gardner, Dianna Harvey-Kummer, Rita Khosla-Wilson et Joanna Stein pour la maquette et la mise en pages ; Hilary Bird pour l'index et Ann Baggaley pour la correction des épreuves.

edito.biz et Pearson Education France remercient Francine Caumel-Dauphin pour la révision professionnelle de la version française.